Forza! due
Workbook

Forza! due

Workbook

Michael Sedunary
Illustrated by Con Aslanis

Informazioni personali

Mi chiamo _____ .

Ho _____ anni.

Abito a _____ .

La mia scuola si chiama _____ .

La mia classe è _____ .

CIS·Heinemann

Heinemann

HARCOURT EDUCATION

22 Salmon Street, Port Melbourne, Victoria 3207

World Wide Web hi.com.au

Email info@hi.com.au

© Michael Sedunary 1999

First published 1999 by CIS•Heinemann

2008   2007   2006   2005   2004

10   9   8   7   6   5   4   3

Edited by Jo Horsburgh and Chris Turner
Designed by Robert Beswick
Cover design by Robert Beswick
Additional illustrations by Karen Young and Roger Harvey
Photography by Michael Sedunary
Language consultant: Laura Hougaz

Film supplied by Typescan, Adelaide

Printed and bound by Craft Print International Limited, Singapore

ISBN 1 87620 901 1.

Reed International Books Australia Pty Ltd   ACN 001 002 357

Every effort has been made to trace and acknowledge copyright. The publisher would welcome any information from people who believe they own copyright to material in this book.

Indice e contenuto

Welcome to your new *Forza! due Workbook*.

This will be your main Italian workplace for a long time, so it makes sense to look after it and write in it with care. As we all know, it's not much fun working in a messy environment, and you can be sure that your teacher will richly reward those who present a tidy workbook for correction. For our part, we have tried to give you all the space you will need for the various exercises, but sometimes you will need to make a special effort to be neat.

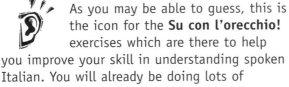 As you may be able to guess, this is the icon for the **Su con l'orecchio!** exercises which are there to help you improve your skill in understanding spoken Italian. You will already be doing lots of listening practice as you speak Italian to one another in the classroom, but these recordings, made in Italy by Italians, offer you something special.

The instructions for each exercise tell you what points in particular to listen for, and these are the points that will be checked when it comes to correcting them. At a later date, your teacher will replay the dialogues so that you can listen to and discuss the rest of the language being used in them. Your teacher will also have a book with extra listening exercises to give to those who are ready for them.

As a skilled technician, your teacher will make frequent use of the PAUSE and REWIND buttons to make sure everyone has a chance to properly hear what is being said on the tape or CD.

 This is the icon for the **Penna in mano!** exercises, although there are plenty of **Evidenziatore in mano!** exercises as well, so don't forget to bring your highlighter to class!

Some of the **Penna in mano!** exercises are there to help you understand the stories contained in the **fotoromanzi** and **fumetti**. Often you will be doing **VERO o FALSO?** exercises, and sometimes these lead to a bit of disagreement, even argument in class. The point is not so much whether you get the right or wrong answer as whether you can defend your choice of **VERO** or **FALSO**. Your teacher won't mark you wrong if you show you have understood what is going on!

When it comes to answering the many

Domande on the stories, you will be asked to practise writing complete sentences. This is not to keep you busy for as long as possible, but to give you practice in an important writing skill. For example, in reply to the question **Come si chiama la moglie di Enio?**, we don't want you just writing **Irma**. However, you could write **Si chiama Irma**; it is just as much a sentence as **La moglie di Enio si chiama Irma**. As you learn to use pronouns you will find they offer handy ways of writing shorter sentences.

 The **Studiamo la lingua!** icon signals some special focus on Italian grammar with exercises to help you improve your understanding of how the language works.

 A **compito speciale** is a special task, and every chapter has at least one such activity. You will notice that there is no space in the workbook for your **compito speciale**; this is to give you the chance to make a special effort with the presentation of your article, letter, postcard, review, advertisement or whatever it is you're writing.

The **compito speciale** is the writing highlight in each chapter and will take some special preparation in class as well as lots of thought on your part. It's your chance to be creative, as well as correct, and to show that you can use your written Italian to get your own ideas across. And you're sure to enjoy the **compiti speciali** of your classmates when they're shared around in class.

 For those of you who enjoy racking your brains, the **Rompicapi** give you something to puzzle over.

Forza! Buon lavoro e buon divertimento!

Nonno Enio e la sua famiglia

1 | **Il compleanno di nonno Enio: Domande I**

Leggi la prima parte del fotoromanzo **Il compleanno di nonno Enio** poi rispondi a queste domande usando frasi complete.

Read the first part of the photo-story **Il compleanno di nonno Enio** then answer these questions. Practise writing complete sentences.

1 Dove abita Enio?

Sulmona

2 Dov'è Sulmona?

in Abruzzo, una regione dell'Italia centrale

3 Quando è nato Enio?

È nato qui a Sulmona il 17

4 Come si chiama la moglie di Enio?

Irma Irma

5 Perché c'è una festa oggi?

It is Enio's birthday

6 Che cosa fa Enio per hobby?

He is a great collector

7 Quando ha comprato il suo sombrero?

1458

8 Dov'è Buenos Aires?

The capital of Argentina

9 Chi è Daniela?

grandchild of Enio

10 Chi è Franca?

She is Daniela's friend

Enio's friends and relations are talking about what they brought to his birthday party.
Write the appropriate number next to each person's picture to show that you understand who is talking.

2 Su con l'orecchio! A: Che cosa hai portato?

Gli amici e i parenti di Enio parlano di quello che hanno portato alla sua festa di compleanno. Scrivi il numero giusto accanto ad ogni persona.

3 Andiamo alla festa!

Guarda il disegno poi rispondi alle domande usando frasi complete.

Look at the illustration on the opposite page, then answer these questions about what people brought to Enio's party. Practise writing complete sentences.

1 Che cosa ha portato Irma per la festa di Enio?

Watermelon

2 Chi ha portato il vino?

Pietro

3 Perché Angelo ha portato la pizza?

He likes pizza

4 Perché Iole ha portato il formaggio?

5 Chi ha portato la torta?

Daniela

6 Che cosa ha portato Enio per la festa?

Wine

7 Chi non vuole ascoltare la canzone di Enio?

8 Che cosa porta Enio in testa?

4 Participi passati

Scrivi il participio passato di questi verbi.

Write the past participle of these verbs.

1 portare _portato_

2 parlare _parlato_

3 comprare _comprato_

4 cercare _cercato_

5 aspettare _aspettato_

6 tagliare _tagliato_

7 giocare _giocato_

8 collezionare _collezionato_

9 cantare _cantato_

10 passare _passato_

Ho passato dieci anni in Argentina.

Enio is showing his family tree to a friend and explaining who's who in his family. Write the appropriate number under each picture to show that you understand who he is talking about.

5 Su con l'orecchio! B: Enio presenta

Enio mostra il suo albero genealogico ad un amico e spiega chi sono le persone che fanno parte della sua famiglia. Scrivi il numero giusto sotto la fotografia corrispondente.

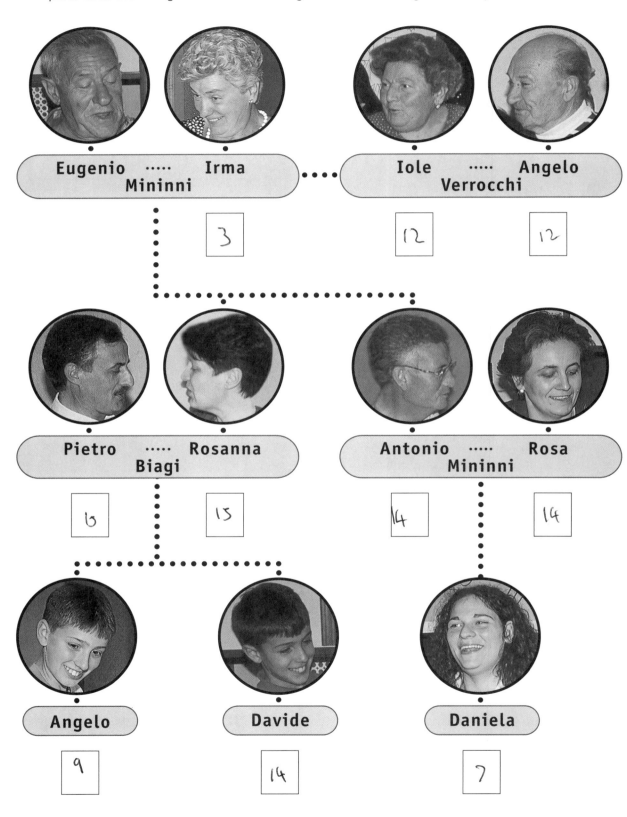

Eugenio ..... Irma
Mininni

Iole ..... Angelo
Verrocchi

3

12

12

Pietro ..... Rosanna
Biagi

Antonio ..... Rosa
Mininni

6

15

14

14

Angelo

Davide

Daniela

9

14

7

6 Come si chiamano?

Study the family tree on the opposite page, then write the name of each of these members of Enio's family.

Scrivi il nome di questi membri della famiglia di Enio.

Come si chiama...

1 ...la moglie di Enio? _Irma_

2 ...la sorella di Irma? _Iole_

3 ...il cognato di Iole? _Enio_

4 ...il marito di Rosa? _Antonio_

5 ...la suocera di Pietro? _Irma_

6 ...lo zio di Antonio? _Angelo_

7 ...la nipote di Pietro? _Daniela_

8 ...la zia di Davide? _Rosa_

9 ...la cugina di Angelo Biagi? _Daniela_

10 ...la nipote di Irma? _Angelo_

7 Sempre in famiglia

Study the family tree on the opposite page, then complete these sentences about Enio's family.

Studia l'albero genealogico di Enio poi completa queste frasi.

1 Eugenio è _marito_ di Irma.

2 Angelo Biagi è _nipote_ di Irma.

3 Rosanna è _figlia_ di Irma.

4 Iole è _zia_ di Antonio.

5 Angelo Biagi è _nipote_ di Rosanna.

6 Davide è _cugino_ di Daniela.

7 Rosa è _figlia_ di Enio.

8 Enio è _padre_ di Rosa.

9 Angelo Verrocchi è _cognato_ di Irma.

10 Irma è _nonna_ di Davide.

Write a sentence for each of these people saying who they are and what their relationship is to Enio.

8 I parenti di Enio

Chi sono le persone della famiglia di Enio? Scrivi una frase per ogni persona.

1 Questo è Angelo,
il nipote di Enio.

2 Questo è
Davide figlio
di rosanna

3 Questo è Daniela
cugino di
Angelo

4 Questo è Irma
moglie di
Enio

5 Questo è Iole
sorella di
Irma

6 Questo è
Dietro marito
di Rosanna

7 Questo è Rosanna
madre di
Angelo

8 Questo è Antonio
padre di
daniela

9 Una famiglia enigmatica

Sciogli questo enigma per trovare le prime parole di una canzone popolarissima.

Follow the clues to fill in the puzzle, and you will find the first words of a very popular song.

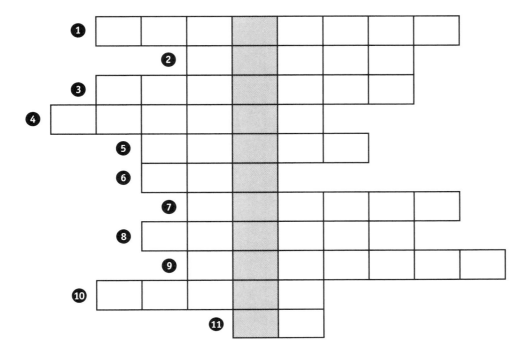

1. L'altro figlio dei miei genitori è mio _____.

2. L'unica figlia dei miei nonni è mia _____.

3. Il marito di mia sorella è mio _____.

4. La figlia di mio fratello è mia _____.

5. Ho un fratello e una sorella, non sono figlio _____.

6. La madre di mia cugina è mia _____.

7. Il figlio della sorella di mio padre è mio _____.

8. Se sono sposato con questa donna, è mia _____.

9. La madre di mia moglie è mia _____.

10. La moglie di mio figlio è mia _____.

11. Il figlio dei miei genitori, il nipotino dei miei nonni e il fratello di mio fratello e di mia

    sorella sono _____.

Read the
second
part of the
photo-story
**Il compleanno
di nonno Enio**
then answer
these
questions.
Practise
writing
complete
sentences.

10 Il compleanno di nonno Enio: Domande II

Leggi la seconda parte del fotoromanzo **Il compleanno di nonno Enio** poi rispondi a queste domande usando frasi complete.

1 Che cosa ha portato Daniela per la festa?

_____

2 Chi è Angelo?

_____

3 Perché deve stare attento con la torta?

_____

_____

4 Secondo Iole, perché Franca deve prendere un po' di torta?

_____

_____

5 Secondo Irma, com'è il cocomero?

_____

6 Chi è Rosa?

7 Che cosa ha portato Pietro come regalo per Enio?

_____

8 Che cosa fa Enio mentre gli altri cantano?

_____

_____

Write the
correct
auxiliary
in these
sentences.
The auxiliary
is the
appropriate
part of **avere**
that you use
with the past
participle to
form the
perfect tense.

11 Ausiliari

Scrivi l'ausiliare corretto in queste frasi.

1 _____ portato dei regali?! Grazie, ragazzi!

2 Siamo stanchi perché _____ giocato a tennis per tre ore.

3 Mi dispiace, _____ dimenticato il tuo nome.

4 Mio zio Alberto _____ viaggiato molto.

5 _____ mangiato tutta la torta?! Sei goloso!!!

6 I miei amici _____ organizzato una festa per il mio compleanno.

12 | Su con l'orecchio! C: Quando è il tuo compleanno?

Enio vuole festeggiare il compleanno di tutti i suoi parenti perché gli piacciono le feste. Scrivi la data del compleanno di ognuno.

1 _____

_____

2 _____

_____

3 _____

_____

Enio wants to celebrate the birthday of each of his relatives because he likes parties. He always forgets when their birthdays are, so he has to ask. Help him out by writing down the dates as you hear them.

4 _____

_____

5 _____

_____

6 _____

_____

13 | Il calendario

Scrivi la data di questi giorni importanti.

1 Capodanno (il primo giorno dell'anno) _____

2 Il giorno della Befana _____

3 Il giorno di San Valentino _____

4 Pasqua (quest'anno) _____

5 Il primo giorno d'estate in Italia _____

6 Il compleanno di Enio Mininni _____

7 Il tuo compleanno _____

8 Ferragosto (la festa dell'Assunta) _____

9 Ognissanti (la festa di tutti i santi) _____

10 Natale _____

Write the date of each of these important days. (You may have to do a little research to find out some of the answers.)

Complete this puzzle with the names of the months and the seasons. Then write the name of the month and the season not included in the puzzle.

14 I mesi e le stagioni

Completa questo cruciverba con i nomi dei mesi e delle stagioni. Poi scrivi il nome del mese che manca e della stagione che manca.

Il mese che non è nel cruciverba è _____.

La stagione che non è nel cruciverba è _____.

Complete this table by writing the present tense of **suonare** in one column and the perfect tense in the other.

15 Suono, ho suonato

Completa questa tabella.

	presente	passato prossimo
io	suono	ho suonato
tu		
lui, lei		
noi		
voi		
loro		

16 | Perché? Perché? Perché?

Leggi il fumetto **Enio e i cocomeri** poi rispondi alle domande usando frasi complete.

Perché...

1 ...Enio deve andare in casa?

_____

2 ...Enio non sa cosa fare?

_____

_____

3 ...Angelo non mangia gli spaghetti?

_____

4 ...Angelo è così magro?

_____

5 ...Angelo è così contento?

_____

6 ...Enio non è contento?

_____

7 ...Enio ha fame?

_____

8 ...Enio deve perdere cinque chili?

_____

9 ...i ragazzi devono stare attenti?

_____

10 ...i ragazzi non possono pagare?

_____

Read the cartoon story **Enio e i cocomeri** then answer these questions. Practise writing complete sentences.

17 | Il passato prossimo I

Riscrivi queste frasi al passato prossimo.

1 Parlo italiano con mia nonna.

_____

2 Porti un regalo alla festa?

_____

3 Compra tutto al supermercato.

_____

4 Paghiamo troppo per la verdura.

_____

5 Ascoltate la radio?

_____

6 Guardano la televisione.

_____

Rewrite these sentences in the perfect tense.

Listen as the guide takes you through the Italian Hall of Fame and introduces you to some of the most famous names in Italian history. Under the appropriate portrait, write the year in which each one was born.

Scrivi l'anno di nascita di questi Italiani famosi.

Marco Polo

Dante Alighieri

Cristoforo Colombo

Leonardo da Vinci

Michelangelo

Galileo Galilei

Antonio Vivaldi

Alessandro Volta

Guglielmo Marconi

Federico Fellini

19 Italiani famosi

Leggi queste piccolissime biografie di alcuni Italiani famosi poi scrivi il nome della persona di cui si parla.

Read these mini-biographies of some famous Italians then write the name of the person being spoken about.

1 _____ è il padre della letteratura italiana. La sua opera più famosa si chiama *La Divina Commedia*, un grande poema diviso in tre parti, *Inferno*, *Purgatorio* e *Paradiso*.

2 _____ è il più famoso dei navigatori di Genova. Con le tre caravelle spagnole *Pinta*, *Niña* e *Santa Maria* ha scoperto il Nuovo Mondo – Cuba, Haiti, la Giamaica e la costa dell'America Centrale.

3 _____ è forse l'artista italiano più famoso di tutti. Scultore, pittore, architetto e poeta, ha passato molti anni a Firenze e a Roma. Fra le sue opere più importanti ci sono le statue di *Davide* a Firenze, la *Pietà* nella basilica di San Pietro e gli affreschi nella Cappella Sistina.

4 _____ era un grandissimo scienziato italiano. Ha passato molti anni a Pisa dove ha lavorato ai suoi sperimenti con il pendolo e il telescopio. Ha fatto delle scoperte astronomiche molto importanti.

5 _____ era un grande viaggiatore di Venezia. Con il padre Niccolò e lo zio Matteo ha fatto un viaggio in Cina, dove ha visitato Kublai Khan a Pechino. Ha scritto in francese *Il Milione*, la storia dei suoi viaggi e delle sue scoperte.

6 _____ era un grande compositore e violinista veneziano. Una delle sue opere più popolari è *Le Quattro Stagioni* che comprende quattro parti: *L'Estate*, *L'Autunno*, *L'Inverno* e *La Primavera*.

7 _____ era un grande scienziato e inventore italiano. È famosissimo come uno degli inventori della radio. Nel 1909, all'età di 35 anni, ha vinto il premio Nobel per la fisica.

Write sentences explaining where these people were born. (You'll meet some of them later.)

20 Dove sono nati?

Scrivi delle frasi che dicono dove sono nate queste persone.

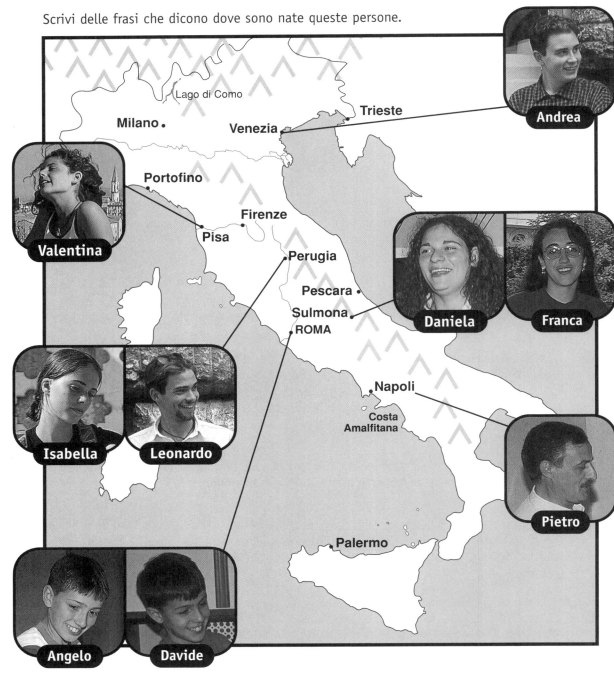

① Franca e Daniela _____

② Andrea _____

③ Valentina _____

④ Isabella e Leonardo _____

⑤ Angelo e Davide _____

⑥ Pietro _____

Su con l'orecchio! E: Che collezione!

Che cosa collezionano queste persone? Scrivi il numero giusto.

What do these people collect? Write the appropriate number under each illustration.

Answer these questions about your last birthday party. Practise writing complete sentences.

22 La tua festa di compleanno

Rispondi a queste domande sulla tua ultima festa di compleanno.

1 Chi ha organizzato la festa? (Hai aiutato i tuoi genitori?)

_____

2 Quanti amici o parenti avete invitato?

_____

3 Che cosa hanno portato come regalo?

_____

_____

4 Hanno cantato *Tanti auguri a te*?

_____

5 Che cosa avete mangiato?

_____

6 Chi ha tagliato la torta?

_____

7 Avete ascoltato della musica?

_____

8 Avete ballato? (Con chi hai ballato?)

_____

_____

Rewrite these sentences in the perfect tense.

23 Il passato prossimo II

Riscrivi queste frasi al passato prossimo.

1 Ballano a tutte le feste.

_____

2 Cantate molto bene.

_____

3 Giochiamo a calcio domenica mattina.

_____

4 Chi paga questa volta?

_____

5 Che cosa prepari per pranzo?

_____

6 Aiuto papà in cucina.

_____

24 Come hanno passato il weekend?

Che cosa hanno fatto queste persone durante il weekend? Scrivi una frase per ogni disegno.

What did these people do on the weekend? Write a sentence for each illustration.

1 Anna — Aurelio

2 Lisa — Gianluca

3 Marisa — Gianni

4 Ninetta — Guido

5 Pinetta

6 Paolo — Nadia

1 _____

2 _____

3 _____

4 _____

_____

5 _____

6 _____

_____

Su con l'orecchio! F: Che cosa hanno fatto?

These people are talking about what they did on the weekend. For each person you will need to write one number under three different illustrations.

Queste persone parlano di quello che hanno fatto durante il weekend. Scrivi il numero giusto.

26   Perché gli piace!

Rileggi il fotoromanzo **Il compleanno di nonno Enio** e il fumetto **Enio e i cocomeri** e poi rispondi alle domande usando frasi complete che contengono una delle seguenti espressioni: **gli piace/gli piacciono**, **le piace/le piacciono**.

Reread the photo-story **Il compleanno di nonno Enio** and the cartoon story **Enio e i cocomeri**, then answer these questions. Practise writing complete sentences that include one of the following phrases: **gli piace/ gli piacciono**, **le piace/ le piacciono**.

Perché...

1 ...Enio colleziona le bottigliette?

Colleziona le bottigliette perché gli piacciono.

2 ...Angelo prende un pezzo di pizza?

_____

3 ...Angelo non beve molto vino?

_____

4 ...Franca non vuole mangiare le paste?

_____

5 ...Enio canta una canzone spagnola ad ogni festa?

_____

6 ...Angelo non mangia gli spaghetti?

_____

7 ...Enio vuole prendere una pasta?

_____

8 ...Irma non vuole un marito grasso?

_____
_____

27   Non esagerare!

Correggi l'esagerazione in queste frasi.

Correct the exaggeration in these sentences. These people don't love or hate these things, they just like or dislike them.

Esempio: Franca odia i dolci.

> *Non odia i dolci ma non le piacciono.*

1   Enio ama le bottigliette.

_____

2   Enio ama il suo sombrero.

_____

3   Franca odia le paste.

_____

4   Franca ama la frutta.

_____

5   Angelo odia il vino.

_____

6   Irma ama le feste.

_____

Complete these sentences with the correct Italian equivalent of 'my' in each case.

28 — Tutto è mio!

Scrivi la forma corretta del possessivo **mio**.

1 È _____ compleanno!

2 Questa è _____ torta.

3 Ecco _____ cugina Rosa.

4 Questo è _____ zio preferito.

5 La moglie di_____ fratello

è _____ cognata.

6 Tutti _____ amici sono qui.

7 _____ cugini sono

tutti simpatici.

8 _____ zie abitano

in Sardegna.

È tutto mio!

Complete these sentences using the correct possessives.

29 — Possessivi

Completa queste frasi usando i possessivi corretti.

1 Enio ha cantato una canzone con _____ nipoti.

2 Alla fine della festa Enio ha tagliato _____ torta.

3 Ti piacciono _____ nuove bottigliette, nonno?

4 Nonno, questa è _____ amica Franca.

5 Sono contento. Ho parlato con tutti _____ parenti alla festa.

6 Enio balla con _____ moglie ad ogni festa.

7 Allora Irma, Daniela è _____ nipote?

8 Sì, e Angelo e Davide sono _____ nipoti.

9 Pietro non è il figlio di Enio, è _____ genero.

10 Secondo Enio, Pietro è _____ genero preferito.

30 Su con l'orecchio! G: A tu per tu

Use your highlighter to follow the course of this conversation.

Segui il corso di questa conversazione con l'evidenziatore.

Scusa,	nonno, nonna,	ho una domanda. Quando sei	nato? nata?

Io? Be', sono	nato nata	nel	1937, 1940, 1945,	a	Roma. Firenze. Sulmona.

Quanti anni hai passato a	Roma? Firenze? Sulmona?

Ho passato	dieci dodici venti	anni a	Roma, Firenze, Sulmona,	poi	quattro sei otto	anni in	America. Australia.

Hai parenti in	America? Australia?

Ho	un uno una	cugino cugina nipote zio zia	a	Nuova York Sydney	e	un una	nipote a	Boston. Melbourne.

Perché	tuo tua	zio zia nipote cugino cugina	non abita in Italia se è	italiano? italiana?

Non è	italiano, italiana,	è	australiano, australiana, americano, americana,	e	gli le	piace	l'Australia. l'America.

Ma non	gli le	piace la cucina	americana. australiana.	Poveretto, Poveretta,	è	magro magra	come un chiodo!

Capitolo 1

21

Write a short composition about your favourite relative. If you can't think what to write, the questions in the box may help get you started.

31 Il mio parente preferito

Scrivi qualche cosa del tuo parente preferito. Se non sai cosa scrivere, puoi rispondere alle domande qui sotto.

Chi è? Com'è? Perché ti piace?

Dove e quando è nato/a? Quanti anni ha? Dove abita?

Ha passato del tempo in un altro paese? Parla un'altra lingua?

Lavora? Se non lavora adesso, ha lavorato nel passato?

Ha un hobby? Suona uno strumento musicale? Che cosa gli/le piace fare?

Are you a collector? Write a short composition about your collection. If you can't think what to write, the questions in the box may help get you started.

32 La mia collezione

Sei un collezionista? Scrivi qualche cosa sulla tua collezione, allora. Se non sai cosa scrivere, puoi rispondere alle domande qui sotto.

Che cosa collezioni?

Perché ti piace questo hobby?

Dove compri o trovi le cose che collezioni? Quanto devi pagare per queste cose?

Dove metti le cose che collezioni (in un album, in una scatola)?

Hai amici che sono collezionisti? Che cosa collezionano?

Capitolo 2

In città, in paese, in montagna

1 A Sulmona: Vero o falso?

Leggi la prima parte del fotoromanzo **Una gita al Parco Nazionale d'Abruzzo** poi segna **VERO** o **FALSO** con l'evidenziatore.

Read the first part of the photo-story **Una gita al Parco Nazionale d'Abruzzo**, then highlight **VERO** if you think a statement is true, **FALSO** if you think it is false.

1 Il Corno Grande è una montagna degli Appennini. VERO FALSO

2 Il Corno Grande è alto più di 3000 metri. VERO FALSO

3 A Sulmona c'è un mercato ogni sabato mattina in Corso Ovidio. VERO FALSO

4 Al mercato vendono solo frutta e verdura. VERO FALSO

5 Il mercato finisce alle dodici. VERO FALSO

6 I sulmontini fanno il corteo storico durante l'inverno. VERO FALSO

2 A Sulmona: Domande

Rileggi la prima parte del fotoromanzo **Una gita al Parco Nazionale d'Abruzzo** poi rispondi a queste domande usando frasi complete.

Reread the first part of the photo-story **Una gita al Parco Nazionale d'Abruzzo** then answer these questions. Practise writing complete sentences.

1 Sulmona è una grande città?

2 Qual è la montagna più alta dell'Abruzzo?

3 Quanto è alto il Corno Grande?

4 Dov'è il mercato a Sulmona?

5 Perché il mercato oggi è in Corso Ovidio?

6 Perché la città è quasi deserta questo pomeriggio?

Write in the names of the regions that have been left blank on the map. (You can use the map on page 25 of the textbook to help you.)

3 Una carta geografica

Scrivi i nomi delle regioni dove mancano sulla carta geografica.

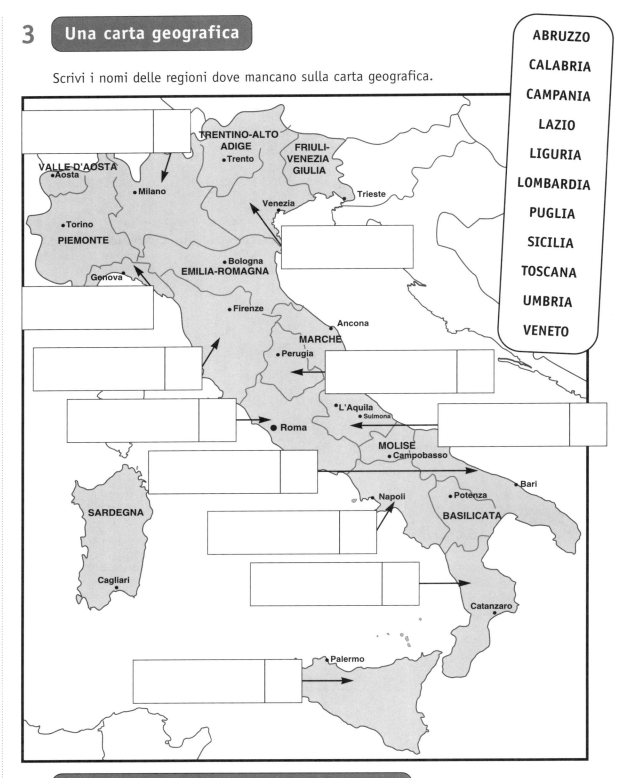

ABRUZZO

CALABRIA

CAMPANIA

LAZIO

LIGURIA

LOMBARDIA

PUGLIA

SICILIA

TOSCANA

UMBRIA

VENETO

In which regions of Italy do these people live? Write the appropriate number in the region you hear mentioned.

4 Su con l'orecchio! A: In quale regione?

In quali regioni d'Italia abitano queste persone? Scrivi il numero che corrisponde alla regione.

Secondo me, l'Umbria è la regione più bella d'Italia.

5 | Nel Parco Nazionale: Vero o falso?

Leggi la seconda parte del fotoromanzo
Una gita al Parco Nazionale d'Abruzzo poi
segna **VERO** o **FALSO** con l'evidenziatore.

❶ Il parco nazionale più grande d'Italia è in Abruzzo. VERO FALSO

❷ Franca e Daniela non vogliono fare una gita al Parco Nazionale. VERO FALSO

❸ Franca non è contenta perché non le piacciono i fiori. VERO FALSO

❹ I fiori del Parco Nazionale sono protetti. VERO FALSO

❺ Enio è più basso di Domenico. VERO FALSO

❻ Domenico e le ragazze vanno via perché Enio è troppo forte in basket. VERO FALSO

Read the second part of the photo-story **Una gita al Parco Nazionale d'Abruzzo**, then highlight **VERO** if you think a statement is true, **FALSO** if you think it is false.

6 | Nel Parco Nazionale: Domande

Rileggi la seconda parte del fotoromanzo
Una gita al Parco Nazionale d'Abruzzo poi
rispondi a queste domande usando frasi complete.

❶ Come sappiamo che è vietato cogliere i fiori nel Parco Nazionale?

_____

_____

❷ Perché Daniela è contentissima?

_____

❸ Perché Domenico ha bisogno del pallone?

_____

_____

❹ Enio ha mai giocato a basket?

_____

❺ Come trova Domenico la partita di basket?

_____

❻ Che cosa ha sentito Domenico?

_____

_____

Reread the second part of the photo-story **Una gita al Parco Nazionale d'Abruzzo** then answer these questions. Practise writing complete sentences.

Study the map of northern Italy then answer these questions. Practise writing complete sentences.

7 L'Italia settentrionale

Studia la carta geografica dell'Italia settentrionale poi rispondi a queste domande. Scrivi delle frasi complete.

AOSTA	36.000
BOLOGNA	417.000
GENOVA	707.000
MILANO	1.500.000
TORINO	1.000.000
TRENTO	100.000
TRIESTE	233.000
VENEZIA	321.000

❶ Dov'è la Lombardia?

_____

❷ Qual è il capoluogo del Piemonte?

_____

❸ In quale regione è Genova?

_____

❹ È più grande Milano o Torino?

_____

❺ È più grande Genova o Venezia?

_____

❻ Qual è la città più grande dell'Italia settentrionale?

_____

_____

8 L'Italia meridionale

Studia la carta geografica dell'Italia meridionale poi rispondi
a queste domande. Scrivi delle frasi complete.

BARI	355.000
CAGLIARI	219.000
CAMPOBASSO	51.000
CATANZARO	103.000
NAPOLI	1.200.000
PALERMO	730.000
POTENZA	68.000
ROMA	2.800.000

Study the map of southern Italy then answer these questions. Practise writing complete sentences.

① Dov'è la Puglia?

_____

② Qual è il capoluogo della Calabria?

_____

③ Quanti abitanti ha Palermo?

_____

④ È più grande Roma o Napoli?

_____

⑤ È più grande Palermo o Napoli?

_____

⑥ Qual è la città più grande dell'Italia meridionale?

_____

9 **Su con l'orecchio! B: Di chi parlano?**

These two people are looking at the team photo of **i Lupi Italiani** and discussing the different players. Write a number in the box for each player to show that you understand which one they are talking about.

Di quali giocatori parlano? Scrivi il numero giusto.

10 Che squadra!

Look at the picture of Enio's old basketball team then answer these questions. Practise writing complete sentences.

Rispondi a queste domande sui Lupi Italiani usando frasi complete.

1 In quale paese del mondo ha giocato a basket Enio?

_____

2 Come si chiama il giocatore molto forte?

_____

3 È più alto Arturo o Enio?

_____

4 Chi è il giocatore più alto della squadra?

_____

5 Secondo te, chi è il giocatore più bello della squadra?

_____

_____

6 Quanto è magro Piero?

_____

7 Secondo te, quanti chili deve perdere Gianmarco?

_____

8 Secondo Enio, chi era il giocatore più bravo della squadra? Perché?

_____

_____

11 Participi passati

> Ho finito di giocare e adesso porto il pallone a casa...Capito?!

Write the past participle of these verbs.

Scrivi il participio passato di questi verbi.

1 trovare _____

2 capire _____

3 mangiare _____

4 sentire _____

5 salire _____

6 tagliare _____

7 finire _____

8 preferire _____

Read the cartoon story **In bocca al lupo!**, then highlight **VERO** if you think a statement is true, **FALSO** if you think it is false.

12 In bocca al lupo!: Vero o falso?

Leggi il fumetto **In bocca al lupo!** poi segna **VERO** o **FALSO** con l'evidenziatore.

1 I ragazzi non vogliono giocare a basket con Enio.   VERO   FALSO

2 Daniela ha paura dei topi.   VERO   FALSO

3 Lo scoiattolo non mangia i croccantini perché non gli piacciono.   VERO   FALSO

4 Dall'albero Domenico vede il capoluogo dell'Abruzzo.   VERO   FALSO

5 Domenico vuole volare come un'aquila.   VERO   FALSO

6 Secondo Franca, i conigli sono più piccoli delle lepri.   VERO   FALSO

7 Daniela vuole scendere perché ha fame.   VERO   FALSO

8 C'è una grande volpe che mangia il pranzo di Enio.   VERO   FALSO

9 Enio vive sempre in armonia con la natura.   VERO   FALSO

10 I nonni sono protetti nei parchi nazionali.   VERO   FALSO

11 I lupi sono estinti in Italia.   VERO   FALSO

12 Domenico finisce nella bocca del lupo.   VERO   FALSO

Write the correct auxiliary in these sentences. The auxiliary is the appropriate part of **avere** that you use with the past participle to form the perfect tense.

13 Ausiliari

Scrivi l'ausiliare corretto in queste frasi.

1 _____ finito tutto? Bravi, ragazzi!

2 Mi dispiace ma non _____ finito i miei compiti.

3 Cosa fai? Non _____ capito il cartello?

4 I miei amici _____ sentito che ci sono dei serpenti nel bosco.

5 Abbiamo paura perché _____ sentito un grido orribile.

6 Gino non risponde perché non _____ capito la domanda.

14   Su con l'orecchio! D: Nel Parco Nazionale d'Abruzzo

What animals do these people see in the Abruzzo National Park?
Write the appropriate number next to each illustration.

Quali animali vedono? Scrivi il numero giusto.

15   Gli animali del Parco Nazionale

Scrivi il nome di tutti gli animali nel disegno.

Label the animals in the illustration.

Reread the cartoon story **In bocca al lupo!** then answer these questions. Practise writing complete sentences.

16   In bocca al lupo!

Rileggi il fumetto **In bocca al lupo!** poi rispondi a queste domande usando frasi complete.

1 Che cosa vede Daniela nell'albero?

_____

2 Come sa Enio che i ragazzi sono lì vicino?

_____

3 Perché Daniela non deve dare il croccantino allo scoiattolo?

_____

_____

4 Che cosa fa l'aquila?

_____

5 Perché Daniela non deve scendere dall'albero?

_____

6 Che cosa mangia il lupo?

_____

7 Perché Enio non deve fare del male al lupo?

_____

8 Secondo Enio, che cosa non è giusto?

_____

_____

Complete this table with the present tense and perfect tense of **sentire** and **capire**.

17   Sento, ho sentito

Completa questa tabella.

	presente	passato prossimo	presente	passato prossimo
io	sento			
tu		hai sentito		
lui, lei			capisce	
noi				abbiamo capito
voi				
loro				

18 Quanti animali!

Trova gli animali nel puzzle, poi con le lettere che rimangono, completa una frase che dice come vivere con gli animali.

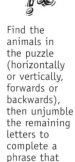

O	E	T	N	E	P	R	E	S	R
C	O	N	I	G	L	I	O	A	M
O	O	I	L	E	P	R	E	I	O
P	R	V	O	L	P	E	N	A	P
O	S	O	L	L	E	C	C	U	U
T	O	A	Q	U	I	L	A	N	L
S	C	O	I	A	T	T	O	L	O

Viviamo _____
_____
con gli animali!

Find the animals in the puzzle (horizontally or vertically, forwards or backwards), then unjumble the remaining letters to complete a phrase that says how we should live with animals.

19 Il passato prossimo

Rewrite these sentences in the perfect tense.

Riscrivi queste frasi al passato prossimo.

1 Mi dispiace, non capisco la domanda.

_____

2 Senti quella musica?

_____

3 Io compro il coniglio nero ma mio fratello preferisce quello bianco.

_____

_____

4 Finiamo i compiti dopo cena.

_____

5 Capite questo fotoromanzo?

_____

6 Non capiscono quella canzone spagnola.

_____

7 Cantate molto bene ma non capisco le parole.

_____

8 Non sentite il grido dell'aquila perché non ascoltate.

_____

_____

Write the population of each city next to its name on the map.

20 Su con l'orecchio! C: Quanti abitanti?

Quanti abitanti hanno queste città? Scrivi il numero che senti alla città corrispondente.

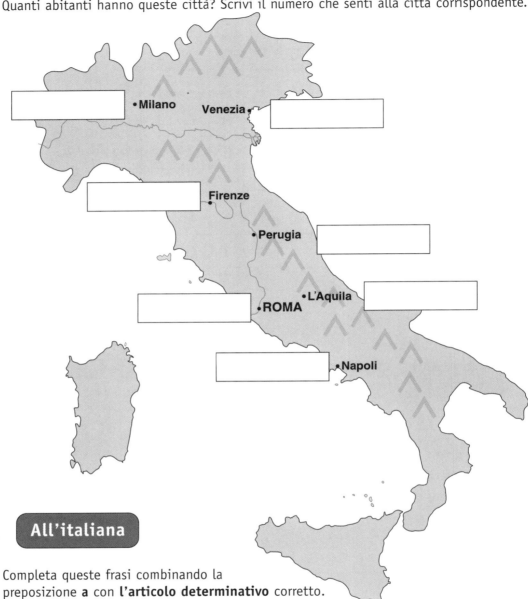

Complete these sentences by combining the preposition **a** with the definite article.

21 All'italiana

Completa queste frasi combinando la preposizione **a** con **l'articolo determinativo** corretto.

1 Voglio dare questo croccantino _____ scoiattolo più magro.

2 È vietato dare da mangiare _____ animali nel parco.

3 Si può dare la caccia _____ lepri?

4 Non devi fare del male _____ orsi. Sono protetti.

5 Non possiamo arrivare _____ ora di pranzo.

6 Sulmona è vicino _____ Parco Nazionale d'Abruzzo.

7 Ci sono delle montagne tutto intorno _____ città.

8 Devo chiedere scusa _____ ragazzi di Roccapipirozzi.

Segui il corso di questa conversazione con l'evidenziatore.

Use your highlighter to follow the course of this conversation.

| Senti, | il weekend prossimo | vado | in | campagna. | Vuoi venire? |
| | la settimana prossima | faccio una gita | | montagna. | Che ne dici? |

| Be', non so. Non mi | piace andare | in | montagna. |
| | piacciono le gite | | campagna. |

| Su, | vieni! Mio | zio | ha una bella | fattoria | vicino a un | grande bosco. |
| Dai, | | nonno | | casa | | parco nazionale. |

| No, i | boschi | non mi piacciono. Non c'è niente da fare. |
| | parchi nazionali | |

| Che dici? | Nel | parco | ci sono molti animali da vedere. |
| Non dire stupidaggini! | | bosco | |

| Possiamo | dare | da mangiare | agli animali? |
| Si può | | la caccia | |

| No, | non si può, | sono protetti. Dobbiamo | vivere in armonia con la natura. |
| | è vietato, | | proteggere gli animali. |

| Che noia! Vai tu da tuo | nonno. | Io preferisco stare | a casa. |
| | zio. | | in città. |

Fill in the thought bubbles with what you think these people are thinking. Choose from the expressions in the box below.

23 Che cosa pensano?

Compila i fumetti con quello che pensano queste persone.

1 **Accidenti, ho dimenticato di battere!**	5 **Mm, Armando è bello...**
2 **Gli piace la musica. Che tesoro!**	6 **Secondo me, sono più bravo di Laura.**
3 **...ma è un ragazzo rozzo.**	7 **Uffa, questa tuba è pesante!**
4 **Laura è così carina!**	8 **Voglio suonare nell'orchestra anch'io.**

24 Quale?

Segna la tua scelta con l'evidenziatore.

Highlight your choice for the best answer to the question.

1 Quale di questi strumenti non fa parte dell'orchestra di Scanno?

la grancassa   la tuba   il pianoforte   il clarinetto

2 Quale di queste città non è capoluogo di una regione d'Italia?

Sulmona   L'Aquila   Milano   Napoli

3 Quale di questi animali non è molto veloce?

la lepre   la tartaruga   il coniglio   il cavallo

4 Quale di queste regioni non è nell'Italia settentrionale?

Liguria   Lombardia   Veneto   Calabria

5 Quali non sono protetti nel Parco Nazionale d'Abruzzo?

i cartelli   gli alberi   le piante   i fiori

6 Quale non è una città dell'Italia meridionale?

Bari   Palermo   Catanzaro   Milano

7 Quale non è un uccello?

l'aquila   il piccione   L'Aquila   il pappagallo

8 Quale animale è molto raro in Italia?

l'orso   la lepre   il cane   la mucca

25 Ma dai, cosa dici?

Completa questa tabella di verbi irregolari.

Complete this table of irregular verbs.

	dire	dare	fare	andare	avere	essere
io	dico					
tu		dai				
lui, lei			fa			
noi				andiamo		
voi					avete	
loro						sono

Write sentences using the comparative form of the adjectives to compare the nouns given in each case.

26 Comparativi

Scrivi delle frasi usando la forma comparativa degli aggettivi.

Esempio: La Sicilia – grande – la Toscana

La Sicilia è più grande della Toscana.

1 Napoli – grande – Firenze

2 Le lepri – veloce – i conigli

3 Gli scoiattoli – carino – i topi

4 Il lupo – raro – la volpe

5 Laura – bravo – Pierluigi

6 I ragazzi di Roccapipirozzi – rozzo – i ragazzi di Sulmona

Write sentences using the superlative form of the adjective.

27 Superlativi

Scrivi delle frasi usando la forma superlativa degli aggettivi.

Esempio: La Sicilia – regione grande – Italia

La Sicilia è la regione più grande d'Italia.

1 Palermo – città grande – la Sicilia

2 Enio – giocatore bravo – la squadra

3 Laura – clarinettista brava – l'orchestra

4 L'orchestra di Scanno – orchestra famosa – Abruzzo

5 Milano – città grande – Italia settentrionale

6 Armando – ragazzo rozzo – Roccapipirozzi

ORIZZONTALI

3 Al mercato di Sulmona vendono _____ religiosi.

6 In _____ al lupo!

7 L'Aquila è il _____ dell'Abruzzo.

9 Bisogna sempre _____ l'ambiente.

12 Nel Parco Nazionale è vietato dare la _____ agli animali.

15 A _____ non tutti i ragazzi sono rozzi!

19 Bisogna vivere in _____ con la natura.

21 Che _____ dici?

23 Bisogna _____ in armonia con la natura.

24 Enio ha trovato dei bei _____ nel bosco.

25 Scanno è a 100 _____ da L'Aquila.

VERTICALI

1 Bisogna sempre rispettare l'_____.

2 L'_____ è l'uccello più grande d'Italia.

4 In Italia i lupi sono quasi _____.

5 Vorrei _____ come un'aquila.

8 Ci sono degli _____ nel Parco Nazionale d'Abruzzo.

9 A Roccapipirozzi non tutti i ragazzi sono _____!

10 In Italia i lupi non sono estinti ma sono molto _____.

11 Secondo me, gli _____ sono gli animali più carini del bosco.

13 Enio ha trovato dei fiori nel _____.

14 Il Corno Grande non è _____ da L'Aquila.

16 Ogni anno c'è un _____ storico a Sulmona.

17 Nel Parco Nazionale gli animali sono _____.

18 Scanno è un piccolo _____ vicino a Sulmona.

20 Sulmona è una città di quasi 25.000 _____.

22 Guarda le orecchie, non è un coniglio, è una _____!

29 Che enigma!

Follow the clues to fill in the puzzle and you will find an expression that brings good luck.

Sciogli questo enigma per trovare un'espressione che porta fortuna.

Un cappuccino, Cappuccetto?

1 È vietato cogliere i _____ nel Parco Nazionale.

2 Nel Parco Nazionale bisogna rispettare l'_____.

3 _____ è a 24 chilometri da Scanno.

4 Ogni anno a Sulmona c'è un corteo _____.

5 Non è uno _____, ci sono dei lupi in Italia.

6 Non voglio suonare la _____, è troppo pesante.

7 Non è molto alto, ma è il più _____ della squadra.

8 È vietato dare la _____ agli animali nel Parco Nazionale.

9 Pescara è la città più grande dell'Abruzzo ma non è il _____.

10 È vietato _____ i fiori nel Parco Nazionale.

11 L'_____ è l'uccello più grande degli Appennini.

12 Le _____ hanno le orecchie molto lunghe.

13 Ogni anno a Sulmona c'è un _____ storico.

Scrivi un componimento sulla tua regione. Ecco delle domande da considerare:

Write a short composition about your region. If you can't think what to write, you might like to consider the questions in the box.

La città

Dov'è la tua regione e qual è la città capoluogo? Se non è la capitale dello stato, quanto è lontana dalla capitale?

Quanti abitanti (più o meno) ha la città?

Che c'è da fare e da vedere in città?

Ci sono delle altre città o degli altri paesi interessanti nella regione?

La campagna

Com'è la campagna nella tua regione?

Ci sono delle belle montagne, dei bei fiumi? Quanto sono alte, lunghi?

C'è un parco nazionale nella regione?

Quali animali interessanti (e/o pericolosi) ci sono da vedere nei boschi e nelle fattorie?

Gli animali fanno bene o male alla campagna e alle fattorie? Sono tutti protetti (è vietato dare la caccia a tutti gli animali)?

La Giostra Cavalleresca di Sulmona

Read the first part of the photo-story **Il corteo storico**, then highlight **VERO** if you think a statement is true, **FALSO** if you think it is false.

1 **Il corteo storico: Vero o falso? I**

Leggi la prima parte del fotoromanzo **Il corteo storico** poi segna **VERO** o **FALSO** con l'evidenziatore.

		VERO	FALSO
1	Le ragazze non sanno se Domenico è nel corteo o no.	VERO	FALSO
2	Le ragazze non sanno se Domenico è in Piazza Garibaldi o no.	VERO	FALSO
3	Daniela dice che le piace il corteo perché ci sono molti bei ragazzi.	VERO	FALSO
4	Le ragazze non trovano Domenico in Corso Ovidio.	VERO	FALSO
5	Daniela porta una camicia rossa stasera.	VERO	FALSO
6	Il ragazzo con i capelli lunghi conosce bene Daniela.	VERO	FALSO
7	Daniela conosce bene il ragazzo con il costume verde e giallo oro.	VERO	FALSO
8	Daniela ha dimenticato Domenico.	VERO	FALSO

Quanti fusti!

Complete this table of irregular verbs.

2 **Verbi irregolari**

Completa questa tabella di verbi irregolari.

	sapere	dare	avere	andare	fare	essere
io	so					
tu		dai				
lui, lei			ha			
noi				andiamo		
voi					fate	
loro						sono

3 | Il corteo storico: Domande I

Rileggi la prima parte del fotoromanzo **Il corteo storico** poi rispondi a queste domande usando frasi complete.

Reread the first part of the photo-story **Il corteo storico** then answer these questions. Practise writing complete sentences.

1 Perché a Sulmona è così importante la sera del 26 luglio?

_____

_____

2 Che cosa sanno Daniela e Franca?

_____

3 Che cosa vedono in Piazza Garibaldi?

_____

4 Perché vanno in Corso Ovidio?

_____

5 Daniela come trova il corteo? Perché?

_____

6 Che cosa trovano le ragazze in Corso Ovidio?

_____

_____

7 Daniela conosce il ragazzo con il costume bianco e porporino?

_____

_____

8 Perché Daniela guarda il ragazzo con il costume verde e giallo oro?

_____

_____

Read the second part of the photo-story **Il corteo storico**, then highlight **VERO** if you think a statement is true, **FALSO** if you think it is false.

4 — Il corteo storico: Vero o falso? II

Leggi la seconda parte del fotoromanzo **Il corteo storico** poi segna **VERO** o **FALSO** con l'evidenziatore.

1 Augusto ha i capelli lunghi e la barba lunga. VERO FALSO

2 Concetta porta un costume azzurro. VERO FALSO

3 Concetta non conosce Domenico. VERO FALSO

4 Concetta non sa se Domenico è in Piazza XX Settembre o no. VERO FALSO

5 Nel corteo Augusto suona un tamburo. VERO FALSO

6 Franca non guarda Augusto perché lei cerca Domenico. VERO FALSO

7 Concetta mangia spaghetti per cena stasera. VERO FALSO

8 Il Cavaliere Nero aspetta la Giostra Cavalleresca in Piazza Garibaldi. VERO FALSO

Andiamo a cenare da Concetta. Stasera mangia minestrone.

D'accordo.

5 — Sapere o conoscere?

Complete these sentences with the correct form of **sapere** or **conoscere**.

Completa queste frasi usando la forma giusta del verbo **sapere** o del verbo **conoscere**.

1 Le ragazze _____ che Domenico è nel corteo storico.

2 Le ragazze non _____ il ragazzo con il costume verde e giallo oro.

3 Il ragazzo con i capelli lunghi non _____ Daniela.

4 Ragazzi, _____ qual è la regione più grande d'Italia?

5 Dobbiamo cercare Domenico perché Concetta non _____ dov'è.

6 Daniela _____ _____ Augusto al corteo storico.

7 Scusa Davide, _____ chi gioca nella partita di stasera?

8 Laura, _____ mio fratello Michele?

6 | Il corteo storico: Domande II

Rileggi la seconda parte del fotoromanzo **Il corteo storico** poi rispondi a queste domande usando frasi complete.

Reread the second part of the photo-story **Il corteo storico** then answer these questions. Practise writing complete sentences.

1 Quale ragazzo è Augusto?

_____

_____

2 Quale ragazza è Concetta?

_____

_____

3 Concetta conosce Domenico?

_____

4 Dov'è la folla che guarda gli sbandieratori?

_____

_____

5 Che cosa fa uno sbandieratore?

_____

_____

6 Che cosa mangia Concetta per cena stasera?

_____

7 Che cosa fanno i sulmontini dopo il corteo?

_____

_____

8 Piazza Garibaldi è veramente deserta stasera?

_____

_____

Write
the past
participle of
these verbs.

7 Participi passati regolari

Scrivi il participio passato di questi verbi.

1 cambiare _____

2 capire _____

3 incontrare _____

4 sentire _____

5 vendere _____

6 sapere _____

7 battere _____

8 conoscere _____

9 perdere _____

10 vedere _____

Write
the past
participle of
these verbs.

8 Participi passati irregolari

Scrivi il participio passato di questi verbi.

1 leggere _____

2 mettere _____

3 prendere _____

4 scrivere _____

5 vincere _____

6 fare _____

7 dire _____

8 scendere _____

9 perdere _____

10 vedere _____

Write the
correct
auxiliary
in these
sentences.

9 Ausiliari

Scrivi l'ausiliare corretto in queste frasi.

1 La Francia _____ vinto la partita contro la Germania.

2 I Tedeschi _____ perso perché _____ finito la
partita con nove giocatori.

3 Ma ragazzi, perché non _____ fatto i compiti?

4 Dimmi Daniela, dove _____ conosciuto Augusto?

5 Mi dispiace, ma non _____ visto quel film.

6 Siamo in ritardo perché _____ perso l'autobus.

10   Su con l'orecchio! A: Il corteo storico

Di chi parlano Daniela e Franca? Scrivi il numero giusto.

Which of these people in the pageant are Daniela and Franca speaking about? Write the appropriate number next to the person they are discussing. (Note: **il cappello** – hat)

11   Il poeta con il naso lungo

Scrivi delle frasi per identificare queste persone che fanno parte del corteo storico.

Esempio: *Ovidio* è il poeta latino con il naso lungo.

Giovanni _____

_____

Chiara _____

Piero _____

Rosangela _____

Franco _____

Antonella _____

Orlando _____

Write sentences to help observers identify the various participants in this year's historical pageant. (Note: **il cappello** – hat)

Read the cartoon story **La Giostra Cavalleresca**, then highlight the response – **a**, **b** or **c** – that best explains what is happening.

Leggi il fumetto **La Giostra Cavalleresca** poi segna con l'evidenziatore la spiegazione giusta.

❶ C'è una grande folla in Piazza Garibaldi perché:
ⓐ oggi c'è il mercato.
ⓑ fra poco comincia la Giostra Cavalleresca.
ⓒ vuole vedere il Cavaliere Nero.

❸ Daniela è contenta perché:
ⓐ ha perso Domenico.
ⓑ ha trovato Domenico.
ⓒ ha conosciuto Augusto.

❺ Gli altri fantini non ascoltano Beppo Basile perché:
ⓐ è uno spaccone.
ⓑ hanno paura.
ⓒ ha vinto il Palio di Siena.

❻ Secondo il Cavaliere Nero, Beppo non deve vincere perché:
ⓐ è troppo forte.
ⓑ ha vinto il Palio di Siena.
ⓒ non gli piace.

❼ Beppo non torna più in piazza perché:
ⓐ ha paura del Cavaliere Nero.
ⓑ ha già vinto la gara.
ⓒ è veramente ammalato.

❷ Il Cavaliere Nero non ha paura perché:
ⓐ i suoi avversari sono tutti fifoni.
ⓑ non conosce i suoi avversari.
ⓒ è il cavaliere più forte d'Italia.

❹ Il Cavaliere Nero non si muove perché:
ⓐ è una sagoma.
ⓑ ha paura dei suoi avversari.
ⓒ è troppo pigro.

❽ Domenico non vuole andare in piazza perché:
ⓐ non vuole vincere la giostra.
ⓑ non sa cavalcare.
ⓒ non gli piace Principessa.

❾ Domenico non va con Daniela sulla Costa Amalfitana perché:
ⓐ non gli piace Daniela.
ⓑ vuole vincere il Palio di Siena.
ⓒ non gli piace la Costa Amalfitana.

13 La Giostra Cavalleresca: Domande

Rileggi il fumetto **La Giostra Cavalleresca**
poi rispondi a queste domande usando
frasi complete.

Reread the
cartoon story
**La Giostra
Cavalleresca**
then answer
these
questions.
Practise
writing
complete
sentences.

1 Quest'anno qual è la data della Giostra Cavalleresca di Sulmona?

_____

_____

2 Che cosa devono fare i concorrenti nella giostra?

_____

_____

3 Che cosa ha vinto Beppo Basile?

_____

_____

4 Che cos'è il Palio di Siena?

_____

_____

_____

5 Come si chiama il cavallo di Beppo?

_____

6 Perché il Cavaliere Nero aiuta Domenico a vincere?

_____

_____

Domenico is asking Beppo Basile about his experiences at different festivals around Italy. In the spaces provided, write the date on which Beppo visited the towns he mentions. Then highlight the main event – **a**, **b** or **c** – in each festival he describes.

Scrivi la data della visita di Beppo Basile a queste città. Con l'evidenziatore, segna l'avvenimento principale di ogni festa.

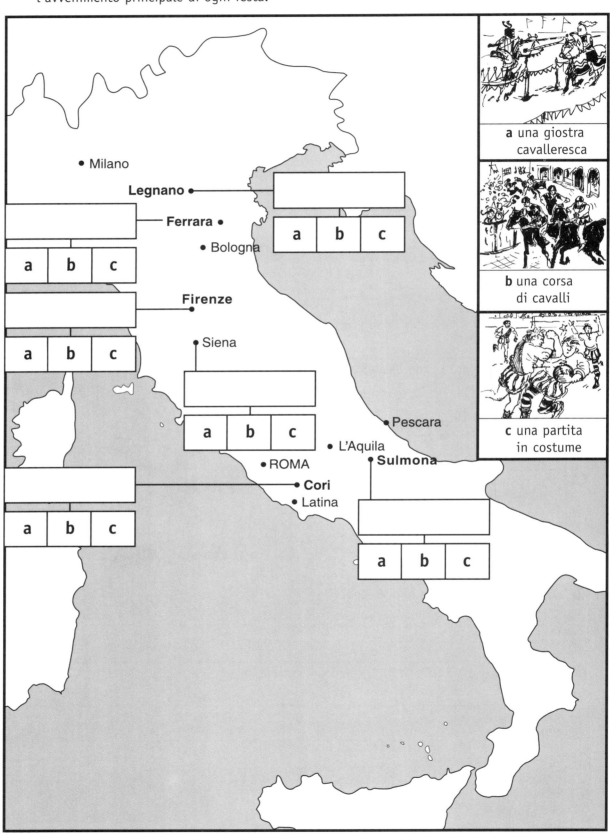

a una giostra cavalleresca

b una corsa di cavalli

c una partita in costume

15 Su con l'orecchio! C: A tu per tu

Segui il corso di questa conversazione con l'evidenziatore.

Use your highlighter to follow the course of this conversation.

Sai	che sono	il nuovo campione	di	nuoto?
Hai sentito		la nuova campionessa		tennis?

Tu!! Ma tu non sai	giocare a tennis!
	nuotare!

Ma sì che so	nuotare.	Ho vinto il campionato ieri	mattina.
	giocare.		pomeriggio.
			sera.

Hai vinto tutte le tue	partite?
	gare?

Ho vinto tutte le mie	partite.
	gare.

Hai battuto tutti	gli altri concorrenti?
	i tuoi avversari?

Ho battuto tutti	i miei avversari.
	gli altri concorrenti.

Allora, sei	il	tennista		bravo		classe?
	la	nuotatore	più	brava	della	
		nuotatrice		forte		scuola?

Sono	il	tennista		bravo		classe.
	la	nuotatore	più	brava	della	
		nuotatrice		forte		scuola.

Che spaccone!
Auguri, allora!

Capitolo 3

51

16 L'Europa

Write the Italian names of the countries in the spaces provided. Choose from the box below.

Scrivi i nomi dei paesi sulla carta dell'Europa.

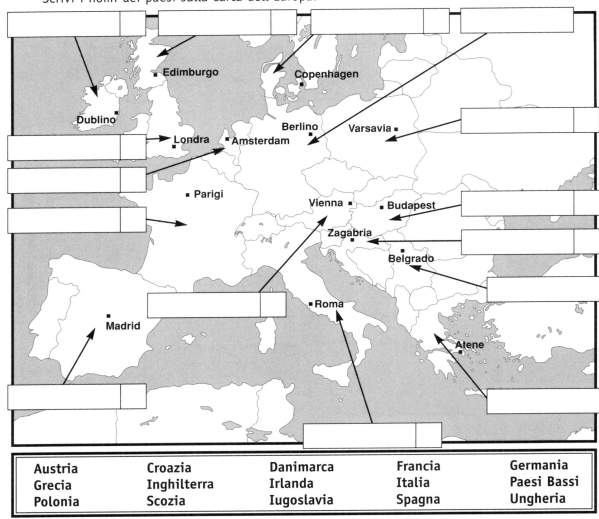

Edimburgo

Copenhagen

Dublino

Berlino   Varsavia

Londra   Amsterdam

Parigi

Vienna   Budapest

Zagabria

Belgrado

Roma

Madrid

Atene

Austria	Croazia	Danimarca	Francia	Germania
Grecia	Inghilterra	Irlanda	Italia	Paesi Bassi
Polonia	Scozia	Iugoslavia	Spagna	Ungheria

17 Su con l'orecchio! D: La Coppa Europea

Listen to these reports of matches played for the European Cup then complete the following tasks on the map above:
• draw a line between the countries that played one another;
• highlight the country that had the home game;
• write the points each country scored in the spaces provided.

Ascolta i risultati della Coppa Europea poi fa questi compiti:

• traccia una riga fra i due paesi che hanno giocato l'uno contro l'altro;

• segna con l'evidenziatore il paese che ha giocato in casa;

• sulla carta scrivi i punti che ha segnato ogni paese.

La Coppa Europea

18 Il tifo all'europea

Leggi i risultati di queste partite e rispondi alle domande usando frasi complete.

Read the results of these European Cup matches then answer these questions. Practise writing complete sentences.

LA COPPA EUROPEA ·Risultati·

Grecia – Croazia	2–3
Polonia – Ungheria	2–1
Irlanda – Danimarca	4–2
Italia – Paesi Bassi	3–2
Scozia – Austria	2–0
Spagna – Francia	1–0
Inghilterra – Germania	3–2

1 Contro chi ha giocato la Grecia?

_____

2 L'Ungheria ha battuto la Polonia?

_____

3 L'Irlanda ha vinto la partita contro la Danimarca?

_____

4 È vero che l'Inghilterra ha perso la partita contro la Germania?

_____

_____

5 Gli Italiani hanno battuto gli Olandesi?

_____

19 Le nazioni, le nazionalità e le lingue

Completa questa tabella.

Complete this table.

PAESE	NAZIONALITÀ	LINGUA
Austria	austriaco	
Danimarca		
	francese	
Germania		
		greco
Inghilterra		
	olandese	
	scozzese	
Spagna		
Svizzera		

These new students have arrived to study Italian at the University for Foreigners in Perugia. They have to introduce themselves to the rest of the class, saying where they are from and what languages they speak. Write the appropriate number in a country on the map then highlight the languages for each student.

I nuovi studenti all'Università per Stranieri di Perugia si presentano alla classe. Devono dire come si chiamano, di dove sono e quali lingue parlano. Scrivi un numero nel paese giusto sulla carta poi, con l'evidenziatore, segna le lingue.

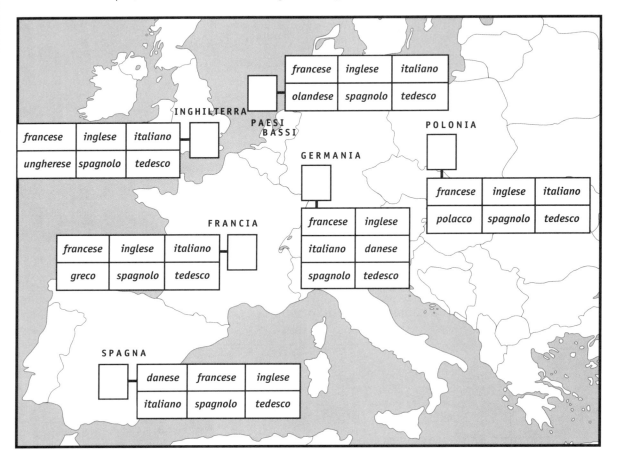

21 **I quarti di finale**

Who played in the quarter finals of the European Cup this year? To find out, you have to crack the code.

Chi ha giocato nei quarti di finale della Coppa Europea quest'anno? Se vuoi sapere devi decifrare il codice.

1 A U S T R I A v _ _ _ _ _ _ _
1 2 3 4 5 6 1   7 5 1 8 9 6 1

2 _ _ _ _ _ _ v _ _ _ _ _ _ _
3 10 1 11 8 1   9 5 12 1 13 6 1

3 _ _ _ _ _ _ _ _ _ v _ _ _ _ _ _ _
14 1 8 6 15 1 5 9 1   2 8 11 16 17 5 6 1

4 _ _ _ _ _ _ _ _ v _ _ _ _ _ _
3 18 6 13 13 17 5 1   6 4 1 19 6 1

22   In treno a Sulmona

Studia l'orario dei treni alla giostra di Sulmona poi completa ogni
frase usando una parola dalla lista.

Study the
timetable for
trains going
to the Giostra
Cavalleresca
in Sulmona,
then
complete
each sentence
with a word
from the list.

IN TRENO ALLA GIOSTRA DI SULMONA

Bari–Pescara–Sulmona

da **BARI**	10.00	12.32	13.43
a **PESCARA**	12.45	15.28	16.33
da **PESCARA**	14.10	15.49	17.31
a **SULMONA**	15.07	17.10	18.27

Firenze–Roma–Sulmona

da **FIRENZE**	10.51	12.01	14.01
a **ROMA**	12.45	13.55	15.55
da **ROMA**	13.00	14.05	16.20
a **SULMONA**	15.25	16.42	18.47

1   Se voglio andare in treno da Bari a Sulmona devo andare via _____.

2   Se voglio partire di _____ da Bari devo prendere il treno delle dieci.

3   Se parto da Firenze devo _____ treno a Roma.

4   Se perdo il treno delle 12.01 da Firenze, il _____ treno
parte alle 14.01.

5   Il treno delle 14.01 da Firenze _____ a Roma alle 15.55.

6   Il treno che parte da Bari alle dieci arriva a Pescara all'una
meno un _____.

7   Se prendo il treno delle 12.01 da Firenze devo _____
dieci minuti a Roma.

8   Il _____ treno da Firenze a Roma parte alle 10.51.

9   L'_____ treno da Bari a Pescara parte alle 13.43.

10   Io viaggio sempre in _____ classe!

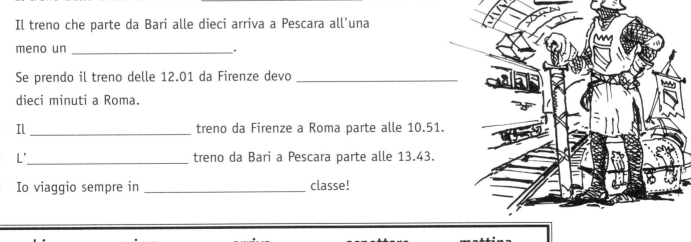

cambiare	prima	arriva	aspettare	mattina
Pescara	prossimo	primo	quarto	ultimo

Sulla Costa Amalfitana

Here are some of the things that Daniela saw on her trip to the Amalfi Coast. In your notebook write the Italian for as many of them as you can.

25+
Fantastico!
20–24
Molto bene
15–19
Bene!
12–14
Non c'è male
0–11
Forza!

Scrivi il nome delle cose che vedi in questo disegno.

24 Il passato prossimo

Scrivi queste frasi al passato prossimo.

Write these
sentences in
the perfect
tense.

1 Oggi l'Italia gioca contro la Danimarca.

_____

2 Mamma mia, che cosa fai?

_____

3 Mi dispiace, ma non capisco questo fumetto.

_____

4 Scrivete una cartolina alla nonna?

_____

5 Papà conosce tutti i miei amici.

_____

6 Beppo non sa battere il Cavaliere Nero.

_____

7 Domenico prende l'ultimo anello.

_____

8 Dove metti le chiavi della macchina?

_____

25 Il presente

Scrivi queste frasi al presente.

Write these
sentences in
the present
tense.

1 Perché non hai lasciato qualcosa sul gas?

_____

2 Per strada Franca e Daniela hanno incontrato molti bei ragazzi.

_____

3 Domenico ha detto un sacco di stupidaggini.

_____

4 Abbiamo fatto i compiti dopo cena.

_____

5 Avete preso una di queste paste?

_____

6 Ho speso tutti i miei soldi in caramelle.

_____

7 Hai letto questa rivista?

_____

8 Daniela che cosa ha visto dal precipizio?

_____

What *don't* you see in each case? Highlight your choice.

26 Che cosa non si vede?

In ogni caso, segna con l'evidenziatore quello che *non* si vede.

Che cosa non si vede...

1 ...ad una festa di compleanno?

torta   dolci   Babbo Natale   regali   parenti

2 ...in un piatto di minestrone?

cipolla   pomodoro   cavolo   cavallo   patata

3 ...in un albero genealogico?

suoceri   cognati   generi alimentari   nipoti   zii

4 ...nel Parco Nazionale d'Abruzzo?

scoiattoli   alberi genealogici   aquile   orsi   lupi

5 ...nell'orchestra di Scanno?

grancassa   tuba   chitarre   clarinetti   tamburi

6 ...nel Corteo Storico di Sulmona?

sbandieratori   guardie svizzere   tamburini   dame   fusti

7 ...nella Giostra Cavalleresca di Sulmona?

cavalieri   cavoli   cavalli   lance   fantini

8 ...su una carta geografica dell'Europa?

Spagna   Paesi Bassi   Grecia   Austria   Argentina

9 ...in treno da Milano a Sulmona?

Bologna   Firenze   Perugia   Roma   Napoli

10 ...sulla Costa Amalfitana?

precipizi   curve pericolose   spiagge   lupi   vedute spettacolari

27 Sapere o potere

Complete these sentences with the correct form of **sapere** or **potere**.

Completa queste frasi usando la forma giusta del verbo **sapere** o del verbo **potere**.

1 Aiuto, non _____ nuotare!

2 Non _____ andare in piscina, devo fare i compiti.

3 Domenico non _____ cavalcare!

4 Domenico non _____ andare sulla Costa Amalfitana.

5 I miei genitori non _____ venire alla partita.

6 Mia sorella ha dei pattini ma non _____ pattinare.

28   La grande festa

Siena ha il suo Palio, Sulmona ha la sua Giostra Cavalleresca, ma che c'è come festa nella tua città o nella tua regione?

Scrivi un articolo per una rivista italiana su una festa locale. Ecco delle domande da considerare:

Come si chiama la festa?

Dove e quando ha luogo?

Che cosa c'è da fare e da vedere?

C'è un corteo?

La gente porta dei bei costumi?

Ci sono delle gare interessanti?

Siena has its Palio, Sulmona has its Giostra Cavalleresca, but what is there by way of festivals in your city or region? Write an article about a local festival for an Italian magazine. You may like to consider the questions listed in the box.

29   Il nuovo campione

C'è un nuovo campione – o una nuova campionessa – che ti piace? Può essere una persona o una squadra. Può anche essere un animale. Forse sei tu il nuovo campione!

Scrivi un articolo su questo campione per *La Gazzetta dello Sport*.

Ecco delle domande da considerare:

Come si chiama?

Com'è – forte, veloce, bello...?

Per vincere il campionato ha vinto molte gare o molte partite?

Quali sono i risultati delle gare o delle partite?

Quanti e quali concorrenti ha battuto?

Chi è l'avversario più pericoloso del campione?

Is there a new sports star or team that you particularly like? Perhaps your favourite star is an animal. Maybe the new star is you! Write an article about this champion for the Italian sporting newspaper *La Gazzetta dello Sport*. You may like to consider the questions listed in the box.

30 Cruciverba

ORIZZONTALI

2 C'è molta _____ in Piazza XX Settembre.

5 Beppo parla troppo di Beppo, è un vero _____.

8 Per andare da Bari a Sulmona bisogna _____ treno a Pescara.

10 Nella Giostra Cavallaresca, il Cavaliere Nero è un _____ molto forte.

11 Non puoi fare il _____ se non sai cavalcare.

12 L'olandese è la lingua dei Paesi _____.

13 Sulla Costa Amalfitana ci sono molte _____ nella strada.

17 Lo _____ butta in aria la sua bandiera.

19 Un'altra _____, un altro palio per Beppo.

20 Fra _____ comincia la Giostra Cavallaresca.

22 Oggi è il 20 giugno, _____ era il 19.

23 Le ragazze hanno _____ Domenico ma hanno trovato Augusto.

VERTICALI

1 Il Palio è una grande _____ di cavalli.

2 La capitale _____ è Atene.

3 Daniela ha _____ molte cartoline a Domenico.

4 Che _____, Beppo è veramente ammalato.

6 Non è un cavaliere vero, è una _____.

7 Vorrei essere fantino ma non so _____.

9 Il _____ batte il suo tamburo.

14 Domenico ha _____ la Giostra Cavallaresca di Sulmona.

15 La mamma di Concetta ha lasciato un po' di _____ sul gas.

16 Nella Giostra Cavallaresca, il _____ Nero è un avversario molto forte.

17 La strada sulla Costa Amalfitana è molto _____.

18 Nella Giostra Cavallaresca, Domenico ha preso l'ultimo _____.

21 Beppo Basile è il _____ del Palio di Siena.

Capitolo 4

Una visita a Perugia

1 Un giro della città: Vero o falso? I

Leggi la prima parte del fotoromanzo **Un giro della città** poi segna **VERO** o **FALSO** con l'evidenziatore.

1. A Perugia si può salire dal parcheggio in centro su una scala mobile. VERO FALSO
2. Valentina è sempre in ritardo. VERO FALSO
3. Isabella è preoccupata perché Valentina non è arrivata. VERO FALSO
4. La zia di Valentina dice che sua nipote non è partita da casa. VERO FALSO
5. Valentina ha perso la pianta di Perugia. VERO FALSO
6. Valentina è in vacanza a Perugia. VERO FALSO
7. La zia di Valentina abita a Pisa. VERO FALSO
8. La strada principale di Perugia si chiama Corso Ovidio. VERO FALSO

Read the first part of the photo-story **Un giro della città**, then highlight **VERO** if you think a statement is true, **FALSO** if you think it is false.

2 Ecco!

Riscrivi queste frasi sostituendo le parole sottolineate con **lo**, **la**, **li** o **le**.

1. Ecco <u>le ragazze</u>, sono in cima alla scalinata!

2. Ecco <u>Leonardo</u>, è vicino alla cabina telefonica!

3. Ecco <u>la signora Piccini</u>, è in Piazza IV Novembre!

4. Ecco <u>Andrea e Isabella</u>, sono al Bar Angelo!

5. Ecco <u>quel chitarrista carino dei 'Perugini'</u>, è dietro quella fontana!

6. Ecco <u>i turisti che sono arrivati oggi da Pisa</u>, sono davanti al Duomo!

Rewrite these sentences replacing the underlined words with **lo**, **la**, **li** or **le**.

Reread the first part of the photostory **Un giro della città** then answer these questions. Practise writing complete sentences.

3 | Un giro della città: Domande I

Rileggi la prima parte del fotoromanzo **Un giro della città** poi rispondi a queste domande usando frasi complete.

1 Dov'è Perugia?

_____

2 Isabella dove aspetta Valentina?

_____

_____

3 Perché Isabella è preoccupata?

_____

_____

4 Chi è la signora Piccini?

_____

5 Quando è partita Valentina?

_____

6 Come mai Valentina ha venti minuti di ritardo?

_____

7 Come mai ha perso la strada?

_____

8 Perché vanno a telefonare alla zia di Valentina?

_____

Read the second part of the photostory **Un giro della città**, then highlight **VERO** if you think a statement is true, **FALSO** if you think it is false.

4 | Un giro della città: Vero o falso? II

Leggi la seconda parte del fotoromanzo **Un giro della città** poi segna **VERO** o **FALSO** con l'evidenziatore.

1 Il Palazzo dei Priori è una grande chiesa a Perugia. VERO FALSO

2 Leonardo guarda le ragazze ma non gli piacciono. VERO FALSO

3 Valentina ammette che Perugia è la più bella città d'Italia. VERO FALSO

4 Il turista australiano conosce bene Perugia. VERO FALSO

5 Dopo il giro di Perugia le ragazze cercano qualcosa da mangiare. VERO FALSO

6 Il gelato di Isabella è buonissimo. VERO FALSO

7 Leonardo e Andrea vanno al bar perché vogliono prendere un caffè. VERO FALSO

8 Leonardo e Andrea vogliono conoscere le ragazze. VERO FALSO

5   Un giro della città: Domande II

Rileggi la seconda parte del fotoromanzo **Un giro della città** poi rispondi a queste domande usando frasi complete.

Reread the second part of the photo-story **Un giro della città** then answer these questions. Practise writing complete sentences.

1   Come mai Valentina non conosce Perugia?

_____

2   Come si chiama la strada principale di Perugia?

_____

3   Che cosa fanno Andrea e Leonardo in città?

_____

4   Perché le ragazze scendono per la grande scalinata?

_____

5   Secondo Valentina, Perugia è la più bella città d'Italia?

_____

_____

6   Perché vanno al bar in Corso Vannucci?

_____

_____

7   Che cosa prendono al bar?

_____

_____

8   Come mai i ragazzi sono arrivati al bar?

_____

_____

6   Da dove vengono? Dove sono andati?

Study the information given on the map then answer the questions on the opposite page. Practise writing complete sentences.

Studia le informazioni sulla carta geografica poi rispondi alle domande usando frasi complete.

1 Da dove viene Andrea?

_____

2 Da dove vengono Enio e Irma?

_____

3 Valentina è una vera perugina?

_____

4 Dov'è andato Leonardo per le vacanze?

_____

5 Dov'è andata Isabella?

_____

6 Dove sono andati Antonio e Maura?

_____

7 Chi viene da Perugia?

_____

8 Chi è andato a Perugia per le vacanze?

_____

7 Contrari

Sul puzzle scrivi il contrario di questi aggettivi, così trovi una cosa che non è sempre facile trovare.

1 bello

2 divertente

3 basso

4 moderno

5 chiuso

6 alto

7 aperto

8 nero

9 freddo

10 lungo

11 leggero

12 vero

13 pesante

14 caldo

15 vicino

16 vecchio

17 morto

18 grosso

19 magro

On the puzzle write the opposite of these adjectives and you will discover something that is not always easy to find.

The policeman in Piazza IV Novembre is approached by many people asking directions to different places around Perugia. Write the appropriate number on the illustration to show you understand where they want to go.

Che cosa cercano queste persone a Perugia? Scrivi il numero giusto.

Su con l'orecchio! B: Telefoniamo alla zia!

Ecco due telefonate alla zia di Valentina, una da Isabella, l'altra da Valentina. Ascolta attentamente, leggi le domande, poi segna la risposta **a**, **b** o **c** con l'evidenziatore.

Here are two phone calls to Valentina's aunt, one from Isabella, the other from Valentina. Listen carefully, read the questions, then highlight response **a**, **b** or **c**.

La telefonata di Isabella

1 Valentina è partita da casa:
ⓐ cinque minuti fa.
ⓑ quindici minuti fa.
ⓒ trenta minuti fa.

2 Isabella e Valentina hanno un appuntamento in centro per:
ⓐ le cinque meno un quarto.
ⓑ le cinque.
ⓒ le cinque e un quarto.

3 Isabella telefona alla zia di Valentina:
ⓐ alle cinque meno un quarto.
ⓑ alle cinque.
ⓒ alle cinque e un quarto.

4 Valentina è andata in città:
ⓐ a piedi.
ⓑ in autobus.
ⓒ in macchina.

La telefonata di Valentina

5 Valentina è arrivata:
ⓐ alle cinque.
ⓑ alle cinque e un quarto.
ⓒ alle cinque e venti.

6 Valentina non ha guardato la pianta perché:
ⓐ ha perso la strada.
ⓑ ha perso la pianta.
ⓒ ha dimenticato la pianta.

7 Valentina deve tornare a casa per:
ⓐ le sette.
ⓑ le sette e un quarto.
ⓒ le sette e mezzo.

8 Valentina deve tornare a casa:
ⓐ a piedi.
ⓑ in autobus.
ⓒ in macchina.

10 Ausiliari

Scrivi l'ausiliare corretto in queste frasi.

Write the correct auxiliary to complete the verbs in these sentences. In some cases you will need a part of **avere**, in others a part of **essere**.

1 Mi dispiace, _____ dimenticato la pianta a casa.

2 Sono un vero pisano, _____ nato e cresciuto sotto la Torre Pendente.

3 Come mai, ragazzi, _____ perso la strada?!

4 Roberta _____ andata a vedere il complesso che suona in Corso Vannucci.

5 Non so perché siamo in ritardo, _____ partiti in orario.

6 Le ragazze _____ preso il treno a Bari e _____ cambiato a Pescara.

7 Le ragazze _____ arrivate a Sulmona verso le cinque e mezzo.

8 Dimmi Paolo, _____ mai stato alla galleria d'arte?

Look at the illustrations then answer the questions. Practise writing complete sentences.

11   Andiamo in città!

Guarda i disegni poi rispondi alle domande usando frasi complete.

1   Dov'è andato Leonardo ieri sera?

_____

2   Isabella a che ora è partita da casa?

_____

3   Andrea a che ora è arrivato al bar?

_____

4 Valentina a che ora è arrivata da McDonald's?

_____

5 Valentina che cosa ha fatto da McDonald's?

_____

6 Leonardo dove ha giocato con i videogiochi?

_____

_____

7 Andrea a che ora è partito per il bar?

_____

8 Chi è stato al cinema ieri sera?

_____

_____

12 Il passato prossimo

Write these sentences in the perfect tense.

Scrivi queste frasi al passato prossimo.

1 Valentina trova Isabella in Piazza IV Novembre.

_____

2 Leonardo e Andrea seguono le ragazze al bar.

_____

_____

3 Telefoni alla mamma?

_____

4 Che cosa fate a Perugia?

_____

5 Giorgio quando va a Pisa?

_____

6 Daniela entra in salotto con la torta.

_____

7 A che ora arrivano Franca e Luisa?

_____

8 Saliamo sull'aereo alle sette e partiamo alle sette e mezzo.

_____

_____

9 Non capisco ragazzi, perché non venite alla festa?

_____

_____

10 Perdiamo la strada quando andiamo in città.

_____

_____

Read the cartoon story **Valentina rifiuta** then complete these sentences.

13 Come mai...?

Leggi il fumetto **Valentina rifiuta** poi completa queste frasi.

1 I ragazzi conoscono Perugia così bene perché _____

_____

2 Le ragazze non vogliono fare un giro della città perché_____

_____

_____

3 Isabella conosce Perugia anche lei perché _____

_____

4 Le ragazze non vogliono andare al cinema perché _____

_____

5 Isabella non vuole andare al bar perché _____

_____

6 Isabella non vuole ascoltare il complesso perché _____

_____

7 Le ragazze non hanno tempo per ascoltare il complesso perché _____

_____

_____

8 Zio Arturo è venuto in città a trovare Valentina perché _____

_____

9 Valentina non vuole viaggiare sull'Ape perché _____

10 Valentina è così imbarazzata perché _____

_____

14   Su con l'orecchio! C: Da dove vengono?

Perugia è piena di turisti che sono venuti al capoluogo umbro per 'Umbria Jazz', il grande festival di musica jazz che ha luogo ogni luglio. L'intervistatore vuole sapere da dove vengono i turisti. Scrivi il numero giusto sulla carta geografica.

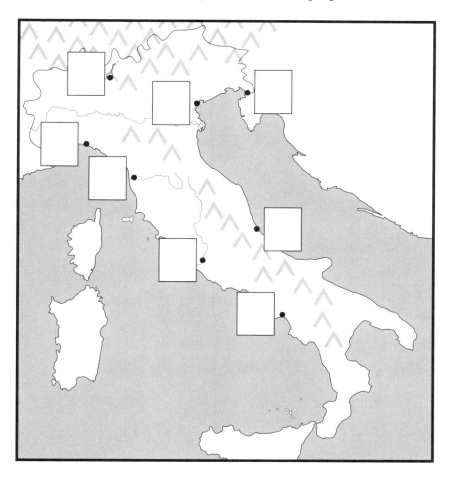

Perugia is full of tourists who have come to the city for 'Umbria Jazz', a big jazz festival held there every July. The interviewer wants to know where these young tourists come from. Write the appropriate number on the map to show that you have understood their replies.

15   Vivano i verbi

Completa questa tabella di verbi irregolari.

Complete this table of irregular verbs.

	venire	sapere	dire	fare	andare	essere
io	vengo					
tu		sai				
lui, lei			dice			
noi				facciamo		
voi					andate	
loro						sono
participio passato					andato	

Read the article **La Scacchi all'australiana** then highlight the correct answer.

16 | La Scacchi all'australiana

Leggi l'articolo **La Scacchi all'australiana** poi scegli la risposta giusta. Segna la tua scelta con l'evidenziatore.

1 Alexander è:
(a) il marito di Deborah.
(b) il suocero di Deborah.
(c) lo zio di Deborah.

2 Alexander è:
(a) italiano.
(b) inglese.
(c) australiano.

3 Alexander è:
(a) stufo della vita.
(b) stufo di Londra.
(c) stufo di sua moglie.

4 Alexander torna in Australia:
(a) da solo.
(b) con Deborah.
(c) con lo zio Jack.

5 Jack abita:
(a) in campagna.
(b) in città.
(c) in montagna.

6 Deborah ama:
(a) il medico.
(b) lo zio.
(c) il marito.

7 Greta Scacchi è nata in:
(a) America.
(b) Inghilterra.
(c) Italia.

8 Adesso abita in:
(a) America.
(b) Australia.
(c) Inghilterra.

17 | Il presente

Write these sentences in the present tense.

Scrivi queste frasi al presente.

1 Perché non siete andati al cinema dopo cena?

_____

2 I ragazzi sono stati a scuola stamattina.

_____

3 Quando avete pagato il conto?

_____

4 Chi è venuto in questa macchina?

_____

5 Sono sicuro che hai conosciuto Pierangelo.

_____

6 Gianni non ha saputo suonare la tuba.

_____

7 Siamo arrivati alle sette di sera.

_____

8 Sono partita con il treno delle otto.

_____

9 Sono partiti dalla Stazione Termini a mezzanotte.

_____

10 Il 6 gennaio la Befana è scesa dal camino.

_____

Su con l'orecchio! D: Un furto alla festa

Ieri sera c'è stato un furto ad una festa di compleanno in città: qualcuno è entrato ed ha preso tutti i regali! Mentre l'agente di polizia interroga la gente che era alla festa, tu devi prendere appunti. Devi scrivere: **a** a che ora sono arrivati alla festa, **b** che cosa hanno fatto alla festa, **c** a che ora sono partiti dalla festa, **d** dove sono andati dopo la festa, **e** che cosa hanno fatto dopo la festa.

Last night there was a theft at a party in town – someone came in and took all the presents! While the detective is interrogating party guests, write down: **a** when they got to the party; **b** what they did there; **c** when they left; **d** where they went after the party; **e** what they did after the party.

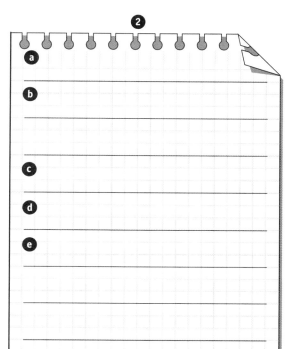

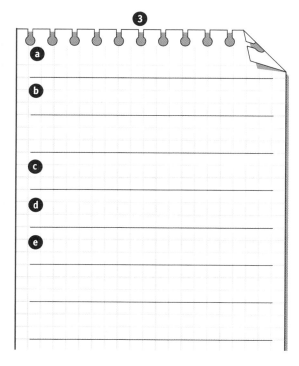

Read the article **L'Ape operaia**, then highlight **VERO** if you think a statement is true, **FALSO** if you think it is false.

19 L'Ape operaia

Leggi l'articolo **L'Ape operaia** poi segna **VERO** o **FALSO** con l'evidenziatore.

❶ L'Ape è un insetto a tre ruote.   VERO   FALSO

❷ L'Ape è un piccolo camion.   VERO   FALSO

❸ Molte strade dei paesi antichi sono strette.   VERO   FALSO

❹ Tutti i vecchi operai preferiscono l'Ape Cross.   VERO   FALSO

❺ Non si può lavorare in città con il modello sportivo dell'Ape.   VERO   FALSO

❻ In Italia l'Ape è un'istituzione.   VERO   FALSO

Highlight the odd one out.

20 No, non qui

Con l'evidenziatore segna il nome, la parola o l'espressione che non va.

❶ **Corso Vannucci**   **il Palazzo dei Priori**   **la Torre Pendente**   **Piazza IV Novembre**

❷ **la galleria d'arte**   **la cabina telefonica**   **la scala mobile**   **il parco nazionale**

❸ **il duomo**   **la chiesa**   **l'albergo**   **il monastero**

❹ **il parcheggio**   **il cavaliere**   **la giostra**   **il palio**

❺ **il chitarrista**   **il tamburino**   **il turista**   **il clarinettista**

❻ **il camion**   **il treno**   **l'autobus**   **il taxi**

❼ **l'ape**   **la farfalla**   **il serpente**   **il ragno**

❽ **il sorriso**   **la barba**   **la camicia**   **i capelli**

❾ **Portofino**   **Napoli**   **Venezia**   **Firenze**

❿ **Sulmona**   **L'Aquila**   **Perugia**   **Pescara**

⓫ **Perugia**   **Sulmona**   **Firenze**   **L'Aquila**

⓬ **Palermo**   **Catanzaro**   **Bari**   **Trieste**

21 **Dove sono?**

Guarda i disegni poi scrivi delle frasi che spiegano dove sono queste persone. All'inizio di ogni frase devi mettere **eccolo**/**la**/**li**/**le**.

Look at the illustrations then write sentences explaining where these people are. Begin each sentence with **eccolo**/**la**/**li**/**le**.

1 Non vedo Isabella.

_____

2 Ho perso Leonardo, sai dov'è?

_____

3 Cerco Valentina, sai dov'è andata?

_____

4 Sai dove sono Valentina ed Isabella?

_____

5 Non trovo Leonardo ed Andrea, tu sai dove sono andati?

_____

6 Hai visto Andrea? È qui in centro.

_____

These year nine students from a high school in Pisa are on a school trip, and one of the teachers is checking to see where different members of the group are. Write the appropriate number to show that you understand where each person is. Then, on page 77, write what each one is doing.

La terza media di una scuola di Pisa è in gita scolastica. I professori sono preoccupati perché non vedono tutti i membri del gruppo. Dove sono? Scrivi il numero giusto, poi scrivi quello che fanno.

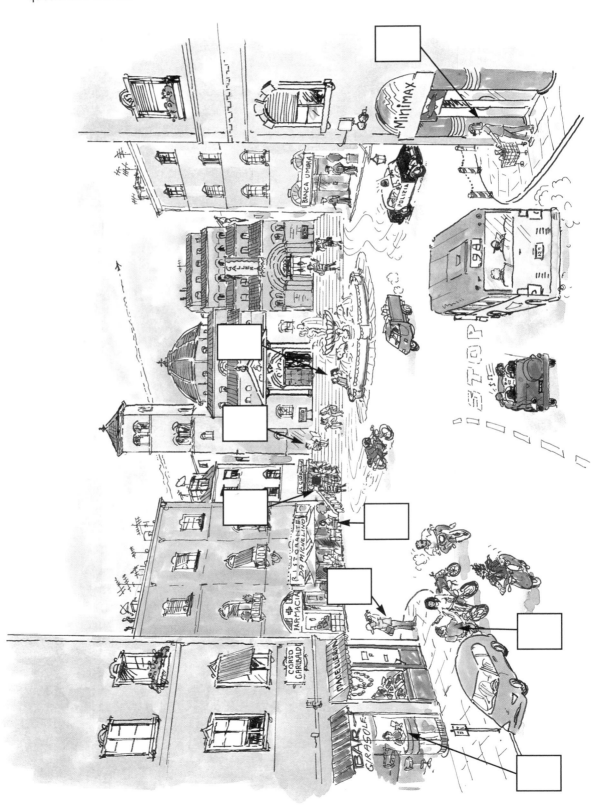

Che cosa fanno?

1 _____

2 _____

3 _____

4 _____

5 _____

6 _____

7 _____

8 _____

23 Preposizioni

Completa queste frasi usando la preposizione **a** o **da** + l'articolo determinativo.

Complete these sentences with the preposition **a** or **da** + the definite article.

1 C'era una veduta fantastica _____ precipizio.

2 C'è una cabina telefonica accanto _____ edicola.

3 Ho visto Valentina davanti _____ Palazzo dei Priori.

4 Aspettiamo gli amici in fondo _____ scalinata.

5 Abita a Pisa, non lontano _____ Torre Pendente.

6 La stazione è vicino _____ albergo.

7 Ho lasciato la Vespa proprio davanti _____ stadio.

8 La sua casa è proprio in cima _____ collina.

9 È andato a passare le vacanze _____ zio.

10 Sono andato _____ dentista stamattina.

Look at the illustrations then write sentences that say where these people went and what they did.

24 | Dove sono andati? Che cosa hanno fatto?

Guarda i disegni poi scrivi delle frasi che dicono dove sono andate queste persone e quello che hanno fatto.

Bianca e Lella

Bianca e Lella sono andate al bar e hanno mangiato un gelato.

Yoshi e Kumiko

_____

_____

_____

Arturo

Pierpaolo

_____

_____

_____

_____

Kirsten

Anna e Luisa

_____

_____

_____

Use your highlighter to follow the course of this conversation.

Segui il corso di questa conversazione con l'evidenziatore.

	stato?			10	
Dove sei			Hai	15	minuti di ritardo. Come mai?!
	stata?			20	

Scusa!		perso		strada.
	Ho		la	
Mi dispiace!		dimenticato		pianta.

	non sei mai in orario!	Quando		partito?
Tu			sei	
	sei sempre in ritardo!	A che ora		partita?

	partito	mezz'ora		Gino e Carlo?
Sono			fa. Dove incontriamo	
	partita	30 minuti		Gina e Carla?

	cinema		7.30.		7.45.
Dobbiamo essere davanti al		per le	7.45.	Il film comincia alle	8.00.
	ristorante		8.00.		8.15.

	cinema?		questa città.
Tu sai dov'è il		Io non conosco	
	ristorante?		questo paese.

	accanto		torre	
È	in cima	alla		in Piazza Cavour.
	in fondo		scalinata	

	questo paese?		nato e cresciuto	
Come mai conosci		Sei		qui?
	questa città?		nata e cresciuta	

	venuto		bambino.
No, ma sono		qui più volte da	
	venuta		bambina.

	eccoli!		ragazzi!
Ah,		Ciao,	
	eccole!		ragazze!

Read **Una gita a Pisa** then answer these questions. Practise writing complete sentences.

26 Una gita a Pisa

Leggi **Una gita a Pisa** poi rispondi alle domande usando frasi complete.

1 Dove abita Vito?

_____

2 Vito è un vero pisano?

_____

_____

3 Come si chiama il pisano famoso che è salito sulla Torre Pendente nel 1589?

_____

_____

4 Perché non si può salire adesso sulla Torre Pendente?

_____

_____

5 Che cosa c'è accanto alla Torre Pendente di Pisa?

_____

_____

6 La Torre Pendente è popolare fra i turisti?

_____

_____

27 Una gita scolastica

Write an account of a school trip you have been on. If you can't think what to write, the questions in the box might help get you started.

Scrivi qualche cosa di una gita scolastica che hai fatto con la tua classe. Ecco delle domande da considerare:

Dove siete andati?

A che ora siete partiti?

Come avete viaggiato?

Quali professori sono venuti?

Dove e che cosa avete mangiato?

A che ora siete arrivati?

Che cosa avete fatto?

Che cosa avete visto?

A che ora siete tornati?

28 Cruciverba

ORIZZONTALI

1. Il Corso Vannucci è la strada _____ di Perugia.
4. L'Ape è un camioncino a tre _____.
5. A Perugia si può salire in centro per una _____ mobile.
6. Sei sempre in ritardo, non sei mai in _____.
10. La zia di Valentina è _____ perché non è ancora tornata a casa.
12. Se vuoi chiamare la zia c'è una _____ telefonica qui vicino.
13. Che ne pensi di quelle ragazze? Mica _____, eh?
14. Scendiamo per questa scalinata, c'è una bellissima veduta in _____.
15. Non posso pagare il _____ perché ho perso tutti i soldi.
16. Isabella è nata e _____ a Perugia.
18. San Lorenzo è il _____ di Perugia.

VERTICALI

1. Galileo Galilei è salito sulla Torre _____ di Pisa.
2. L'Hotel Umbria è un bell' _____ in Corso Vannucci.
3. Molti perugini incontrano gli amici sulla _____ davanti al Duomo.
5. Il Corso Vannucci è la _____ principale di Perugia.
7. I ragazzi hanno _____ le ragazze al bar.
8. Sono pisano, _____ da Pisa.
9. Se volete guardare il complesso ci sono dei posti proprio _____ alla scena.
10. Se non conosci la città, perché non compri una _____?
11. Vorrei suonare la chitarra in un _____ rock.
15. Hanno messo una bandiera proprio in _____ alla montagna.
17. L' _____ è un camioncino.

Baci per Isabella

Read the first part of the photo-story **Baci per Isabella**, then highlight **VERO** if you think a statement is true, **FALSO** if you think it is false.

1 | **Baci per Isabella: Vero o falso? I**

Leggi la prima parte del fotoromanzo **Baci per Isabella** poi segna **VERO** o **FALSO** con l'evidenziatore.

1	Leonardo ed Andrea aspettano le ragazze davanti a San Lorenzo.	VERO	FALSO
2	I ragazzi cercano le ragazze ma non le vedono.	VERO	FALSO
3	Leonardo vuole fare una buona impressione ad Isabella.	VERO	FALSO
4	Il cameriere non ha mai visto Isabella.	VERO	FALSO
5	Il cameriere è un vecchio amico dei ragazzi.	VERO	FALSO
6	Andrea non ordina niente perché Isabella non viene.	VERO	FALSO
7	Il succo di pompelmo è molto dolce.	VERO	FALSO
8	Leonardo non può pagare il conto perché ha dimenticato i soldi.	VERO	FALSO

Rewrite these sentences, changing the verb from the **tu** form to the **Lei** form.

2 | Lei I

Riscrivi queste frasi cambiando i verbi dal **tu** al **Lei**.

1 Sei amico del chitarrista?

_____

2 Suoni la chitarra?

_____

3 Spendi molto in regali di Natale?

_____

4 A che ora parti?

_____

5 Che cosa suggerisci?

_____

6 Quando vai a Portofino?

_____

3 Baci per Isabella: Domande I

Rileggi la prima parte del fotoromanzo **Baci per Isabella** poi rispondi a queste domande usando frasi complete.

Che cosa cerchi? Sai che non c'è niente.

Reread the first part of the photo-story **Baci per Isabella** then answer these questions. Practise writing complete sentences.

1 Perché i ragazzi non vedono le ragazze?

_____

_____

2 Che cosa vuole fare Andrea?

_____

3 Il cameriere conosce Isabella?

_____

4 Perché Andrea non è contento?

_____

5 Che cosa ordinano i ragazzi?

_____

_____

6 Perché Andrea deve pagare?

_____

_____

4 Lei II

Riscrivi queste frasi cambiando i verbi dal **tu** al **Lei**.

Rewrite these sentences, changing the verb from the **tu** form to the **Lei** form.

1 Hai un'altra idea? _____

2 Vieni alla festa? _____

3 Vuoi vedere quel film? _____

4 Esci ogni sabato sera? _____

5 Puoi chiamare il cameriere? _____

_____

6 Che cosa fai? _____

Write a number under each illustration to indicate that you understand which conversation you are listening to. For each conversation, highlight **Lei** or **tu** to indicate which form of address is being used.

5 Su con l'orecchio! A: Lei o tu?

Scrivi un numero sotto ogni disegno per indicare che capisci quale conversazione ascolti. Per ogni conversazione segna **Lei** o **tu** con l'evidenziatore per indicare quale forma usano le persone che parlano.

	Lei	**tu**

	Lei	**tu**

	Lei	**tu**

	Lei	**tu**

	Lei	**tu**

	Lei	**tu**

	Lei	**tu**

	Lei	**tu**

6   Al bar

Leonardo e il cameriere parlano con Andrea. Dicono la stessa cosa ma Leonardo usa il **tu** e il cameriere usa il **Lei**. Scrivi quello che dice il cameriere.

❶ **Leonardo:** Sei pronto per ordinare?

   Il cameriere: _____

❷ **Leonardo:** Che cosa prendi?

   Il cameriere: _____

❸ **Leonardo:** Preferisci il succo d'arancia o il succo di pompelmo?

   Il cameriere: _____

_____

❹ **Leonardo:** Vuoi dello zucchero per il succo di pompelmo?

   Il cameriere: _____

_____

❺ **Leonardo:** Perché non bevi il succo, è troppo dolce?

   Il cameriere: _____

❻ **Leonardo:** Allora, non mangi niente oggi?

   Il cameriere: _____

❼ **Leonardo:** Ah, paghi tu?

   Il cameriere: _____

❽ **Leonardo:** Puoi pagare alla cassa se vuoi.

   Il cameriere: _____

Leonardo and the waiter are both speaking to Andrea. They say the same thing, but Leonardo uses the familiar **tu** form and the waiter uses the formal **Lei** form. Write down what the waiter says.

7   Vivano i verbi!

Completa questa tabella di verbi.

Complete this verb table.

	uscire	venire	sapere	dire	fare	andare
io	esco					
tu		vieni				
lui, lei			sa			
noi				diciamo		
voi					fate	
loro						vanno
participio passato			saputo			

Read the second part of the photo-story **Baci per Isabella**, then highlight **VERO** if you think a statement is true, **FALSO** if you think it is false.

8 **Baci per Isabella: Vero o falso? II**

Leggi la seconda parte del fotoromanzo **Baci per Isabella** poi segna **VERO** o **FALSO** con l'evidenziatore.

1 La signora suggerisce dei Baci per Isabella.   VERO   FALSO

2 Tutte le ragazze amano i Baci.   VERO   FALSO

3 Andrea non vuole spendere molti soldi in un regalo per Isabella.   VERO   FALSO

4 La signora alla cassa ha incartato i Baci.   VERO   FALSO

5 A Leonardo viene l'idea di un regalo musicale per Valentina mentre guarda una vetrina in Corso Vannucci.   VERO   FALSO

6 Leonardo non vuole spendere molti soldi in un regalo per Valentina.   VERO   FALSO

7 Leonardo compra un CD per 30.000 lire.   VERO   FALSO

8 Leonardo compra una cassetta per 4.000 lire.   VERO   FALSO

Write the adverbs that correspond to these adjectives.

9 **Avverbi I**

Scrivi gli avverbi corrispondenti a questi aggettivi.

1 allegro _____

2 aperto _____

3 caldo _____

4 veloce _____

5 pesante _____

6 facile _____

7 naturale _____

8 vero _____

9 timido _____

10 buono _____

10   Baci per Isabella: Domande II

Rileggi la seconda parte del fotoromanzo **Baci per Isabella** poi rispondi a queste domande usando frasi complete.

Reread the second part of the photo-story **Baci per Isabella** then answer these questions. Practise writing complete sentences.

1 Perché la signora del negozio suggerisce i Baci?

_____

_____

2 Perché Andrea prende tutte e due le scatole di cioccolatini?

_____

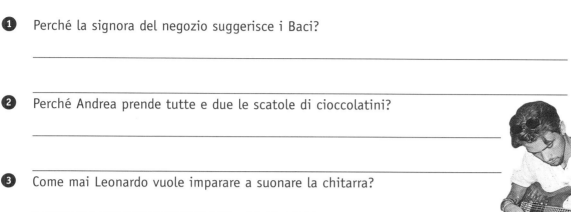

3 Come mai Leonardo vuole imparare a suonare la chitarra?

_____

_____

4 Perché non compra la chitarra?

_____

_____

5 Perché non compra il CD?

_____

_____

6 Che cosa può fare Valentina con la cassetta?

_____

_____

11   Avverbi II

Scrivi gli avverbi corrispondenti a questi aggettivi.

Write the adverbs that correspond to these adjectives.

1 ricco _____

2 storico _____

3 tipico _____

4 dolce _____

5 forte _____

6 orribile _____

7 finale _____

8 pigro _____

9 personale _____

10 cattivo _____

In these conversations different people tell what they have bought as birthday presents for Gabriella. Draw a line to connect each person with the present they bought.

12 | Su con l'orecchio! C: Regali per Gabriella

Che cosa hanno comprato per il compleanno di Gabriella?
Collega la persona con il regalo che ha comprato.

Andrea and the shop assistant are both speaking to Leonardo. They say the same thing, but Leonardo uses the familiar **tu** form and the shop assistant uses the formal **Lei** form. Write down what the shop assistant says.

13 | Al negozio di musica

Andrea e la commessa del negozio di musica parlano con Leonardo. Dicono la stessa cosa ma Andrea usa il **tu** e la commessa usa il **Lei**. Scrivi quello che dice la commessa.

1 **Andrea:** Perché non provi questa chitarra?

La commessa: _____

2 **Andrea:** Sai suonare il pianoforte?

La commessa: _____

3 **Andrea:** Che ne pensi di questo CD?

La commessa: _____

4 **Andrea:** Non esageri se compri il CD.

La commessa: _____

5 **Andrea:** Se compri il CD fai veramente bella figura.

La commessa: _____

6 **Andrea:** Una cassetta?! Tu sei molto generoso!

La commessa: _____

14 Strumenti musicali

C'è un saldo al negozio di musica in Via Vannucci e devi preparare un elenco degli strumenti in vendita. Scrivi i nomi di questi strumenti musicali sotto il disegno.

They're having a sale at the music store in Via Vannucci, and your job is to prepare a list of the instruments on sale. Write the Italian name of these musical instruments in the spaces provided below.

(a) _____ (e) _____

(b) _____ (f) _____

(c) _____ (g) _____

(d) _____ (h) _____

15 Su con l'orecchio! B: Che saldo!

Al negozio di musica in Via Vannucci, vendono tutti gli strumenti musicali a prezzi scontati. Scrivi i nuovi prezzi sulle etichette.

Now write the new prices on the tags as the manager tells you what they are.

16 Su con l'orecchio! D: Di chi parlano?

Who are these people talking about: a girl, a boy, two or more girls, or two or more boys (and girls)? For each conversation highlight the appropriate illustration.

Di chi parlano queste persone: di una ragazza, di un ragazzo, di due o più ragazze, o di due o più ragazzi (e ragazze)? Evidenzia il disegno giusto.

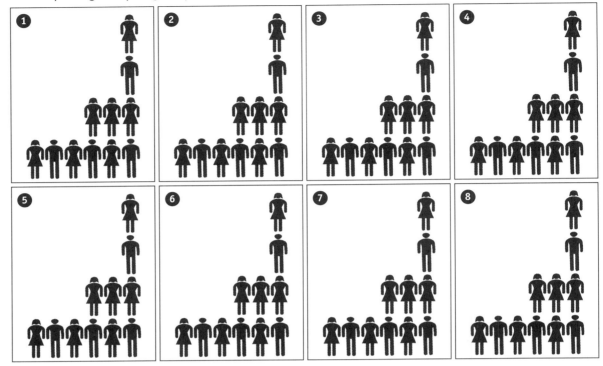

17 Lo, la; li, le I

Rewrite these sentences, replacing the underlined words or phrases with **lo**, **la**, **li** or **le**.

Riscrivi queste frasi sostituendo le parti sottolineate con **lo**, **la**, **li** o **le**.

1. Non capisco <u>Leonardo</u>, è troppo complicato.

   _____

2. Perché non chiami <u>i genitori</u> se sei preoccupata?

   _____

3. Ho già detto, non conosco <u>sua cugina</u>.

   _____

4. Leonardo guarda <u>le ragazze</u> mentre passano in Corso Vannucci.

   _____

5. Batte <u>i suoi avversari</u> perché è più forte.

   _____

6. Aiutiamo <u>la mamma</u> perché ha molto da fare.

   _____

7. Porta <u>le figlie</u> in centro con l'Ape.

   _____

8. Non ascolto mai <u>il professore</u>, è troppo noioso.

18 Domande personali I

Rispondi a queste domande usando frasi complete che comprendono **lo**, **la**, **li** o **le**.

Esempio: Dove aspetti gli amici dopo la scuola?

Li aspetto alla fermata dell'autobus.

Answer these questions about your own life in complete sentences that include one of the pronouns **lo**, **la**, **li** or **le**.

1 Dove incontri gli amici quando vai in città?

_____

2 Chiami la mamma se sai che torni a casa in ritardo?

_____

3 Ricordi i maestri e le maestre della scuola elementare?

_____

4 Conosci i tuoi vicini di casa?

_____

5 Capisci il professore/la professoressa d'italiano quando parla italiano?

_____

6 Guardi i bambini quando i tuoi genitori escono di sera?

_____

7 Aiuti i genitori a casa?

_____

8 Ascolti tutti i professori quando parlano in classe?

_____

19 Lo, la; li, le II

Riscrivi queste frasi sostituendo le parti sottolineate con **lo**, **la**, **li** o **le**.

Rewrite these sentences, replacing the underlined words or phrases with **lo**, **la**, **li** or **le**.

1 Mi dispiace, ma non conosco <u>suo fratello</u>.

_____

2 Perché non aiuti <u>i tuoi amici</u>?

_____

3 Non batto mai <u>mia sorella</u>, è troppo forte.

_____

4 Zio Arturo lascia <u>le ragazze</u> in Corso Vannucci.

_____

5 Ricordo bene <u>la ragazza con i capelli lunghi</u>.

_____

6 Sono sicuro che trovi <u>Enzo e Vito</u> alla sala giochi.

_____

7 I ragazzi cercano <u>Maura e Laura</u> al bar.

_____

8 Non odio <u>quei ragazzi</u>, ma non mi piacciono.

_____

Read the cartoon story **Un appuntamento al bar**, then highlight **VERO** if you think a statement is true, **FALSO** if you think it is false.

20 Un appuntamento al bar: Vero o falso?

Leggi il fumetto **Un appuntamento al bar** poi con l'evidenziatore segna **VERO** o **FALSO**.

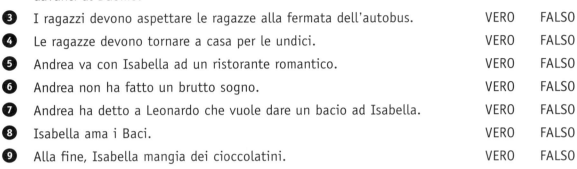

1 Il signor Pizzini non conosce Leonardo molto bene ma lo ricorda. VERO FALSO

2 Le ragazze hanno aspettato i ragazzi davanti al Duomo. VERO FALSO

3 I ragazzi devono aspettare le ragazze alla fermata dell'autobus. VERO FALSO

4 Le ragazze devono tornare a casa per le undici. VERO FALSO

5 Andrea va con Isabella ad un ristorante romantico. VERO FALSO

6 Andrea non ha fatto un brutto sogno. VERO FALSO

7 Andrea ha detto a Leonardo che vuole dare un bacio ad Isabella. VERO FALSO

8 Isabella ama i Baci. VERO FALSO

9 Alla fine, Isabella mangia dei cioccolatini. VERO FALSO

10 Nessuno prende sul serio i bigliettini. VERO FALSO

Complete this puzzle to find out what Andrea always aims for.

21 Una buona impressione

Completa questo puzzle per sapere che cosa Andrea vuole sempre fare.

1 I _____ sono i cioccolatini famosi di Perugia.

2 Leonardo non spende troppo in un regalo per Valentina perché non vuole _____.

3 L'amore è come l'ape: ti punge poi ti _____.

4 Genova è il capoluogo della _____.

5 Se segui il cuore trovi l'_____.

6 A Perugia c'è una _____ dell'autobus in Piazza Italia.

7 Tutti sanno che l'ape è un _____.

8 L'Ape Cross è popolare fra i _____.

9 Andrea vuole _____ con Isabella.

10 Lo zio di Valentina _____ Leonardo.

11 L'Hotel Umbria è l'_____ più bello di Corso Vannucci.

22 | Su con l'orecchio! E: Dove c'incontriamo?

Dove s'incontrano queste persone? Scrivi il numero giusto sul disegno.

 Where do these people decide to meet? Write the correct number on the appropriate part of the illustration.

23 | Domande personali II

 Answer these questions about your own life in complete sentences that include the pronoun **mi**.

Rispondi a queste domande usando frasi complete che comprendono **mi**.

Esempio: Chi ti viene a prendere quando hai perso l'autobus?

Mamma mi viene a prendere quando ho perso l'autobus.

❶ Chi ti ascolta quando vuoi parlare dei tuoi problemi?_____

_____

❷ Chi ti capisce anche quando non parli?

_____

❸ Chi ti porta dagli amici anche se abitano lontano?

_____

_____

❹ Chi ti aiuta a fare i compiti?

_____

❺ Chi ti saluta con un bacio?

_____

❻ Chi ti conosce meglio di ogni altra persona?

_____

_____

24   Su con l'orecchio! F: Come vanno?

Which means of transport do these people use to go into town? Write a number under the appropriate illustration.

Quale mezzo di trasporto usano? Scrivi il numero giusto.

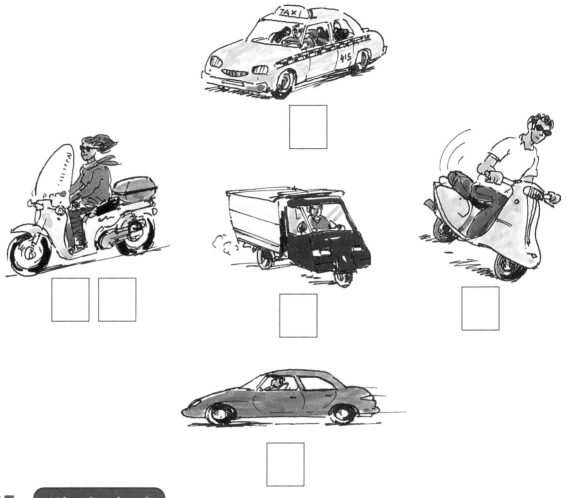

25   Mi, ti; ci, vi

Here are some answers. See if you can work out what the questions were. They all include **mi**, **ti**, **ci** or **vi**.

Ecco delle risposte, scrivi tu le domande! Tutte le domande comprendono **mi**, **ti**, **ci** o **vi**.

1   Mi _____   Sì che ti ricordo!

2   Dove _____   Vi aspettiamo alla stazione.

3   Chi _____   Mamma mi porta a scuola.

4   Dove _____   Lo zio ci lascia sulla spiaggia.

5   Chi _____   Leonardo ci segue.

6   Perché _____   Mi odia perché ho vinto la gara.

7   A che ora _____   Vi incontrano alle sette.

8   Perché _____   Ti amo perché ti amo.

26 Non dire stupidaggini!

Tutte queste affermazioni sono false; rileggi il fumetto **Un appuntamento al bar** poi correggile. Scrivi delle frasi complete.

All these statements are incorrect. Reread the cartoon story **Un appuntamento al bar** then correct them. Practise writing complete sentences.

1 Il signor Pizzini conosce bene Leonardo.

Il signor Pizzini non lo conosce.

2 Il signor Pizzini ha dimenticato Leonardo.

_____

3 Le ragazze sono andate al Bar Centrale.

_____

4 Stasera le ragazze vanno in centro con l'autobus.

_____

5 I ragazzi portano le ragazze a casa in moto.

_____

6 Le ragazze possono stare fuori fino a tardi.

_____

7 Andrea ha fatto i compiti.

_____

8 Nel sogno Isabella legge una lettera di Andrea.

_____

9 Isabella ama i Baci.

_____

10 Nessuno prende sul serio i bigliettini.

_____

27 Di buon cuore

Completa questo puzzle per sapere che cosa cerca Andrea nella vita.

Complete this puzzle to find out what Andrea is looking for in life.

1 I _____ sono sempre dolci.

2 Le due parole che Andrea vuole sentire da Isabella.

3 Nel _____ Andrea dice che ama Isabella.

4 Bisogna seguire questo per trovare l'amore.

5 L'amore ti punge come l'_____ .

Use your highlighter to follow the course of this conversation.

28 Su con l'orecchio! G: A tu per tu

Segui il corso di questa conversazione con l'evidenziatore.

| Pronto. Viali. Chi parla? |

| Buongiorno, / Buonasera, | signor / signora | Viali. Sono | Giuseppe / Giuseppina | Scalfaro. |

| Non so se Lei mi ricorda. Sono | un amico / un'amica | di | Giovanni. / Giovanna. |

| Ma sì che ti ricordo. Un momento che | lo / la | chiamo. | Giovanni, / Giovanna, | al telefono! |

| ...Mi dispiace, | Giovanni / Giovanna | non | c'è. / è a casa. | È | uscito. / uscita. |

| È | uscito! / uscita! | Scusi, ma Lei sa dov'è | andato? / andata? |

| È | andato / andata | in | centro / città | con | Paolo / Paola | Denti. | Lo / La | conosci? |

| Sì, | lo / la | conosco. Allora, | Giovanni / Giovanna | esce con | Paolo? / Paola? |

| Sì, escono sempre insieme. | Paolo / Paola | lo / la | viene a prendere con la | Vespa. / moto. |

| Vuoi lasciare / Posso prendere | un messaggio? |

| Sì, Lei può dire a | Giovanni / Giovanna | che io esco con | Roberto. / Roberta. | Mi viene a prendere con la Ferrari! |

29 Andiamo al mare!: Vero o falso?

Leggi l'articolo **Andiamo al mare!** poi con l'evidenziatore segna **VERO** o **FALSO.**

Read the article **Andiamo al mare!**, then highlight **VERO** if you think a statement is true, **FALSO** if you think it is false.

1 Gianmarco abita lontano da Portofino.   VERO   FALSO

2 Zio Vittorio è un miliardario di Bermuda.   VERO   FALSO

3 Gianmarco va in barca con lo zio perché gli piace pescare.   VERO   FALSO

4 La Riviera Ligure non è molto popolare fra i turisti.   VERO   FALSO

5 Gli Italiani odiano la spiaggia.   VERO   FALSO

6 Gli Italiani portano ombrelloni e sedie a sdraio alla spiaggia.   VERO   FALSO

7 Il bagnino ha una barca da pesca sempre pronta.   VERO   FALSO

8 La Liguria è una delle più belle regioni d'Italia.   VERO   FALSO

30 Andiamo al mare!: Domande

Rileggi l'articolo **Andiamo al mare!** poi rispondi a queste domande usando frasi complete.

Reread the article **Andiamo al mare!** then answer these questions. Practise writing complete sentences.

1 Come si chiama il cane di Gianmarco?

2 Dove abitano Gianmarco e Manfredo?

3 Dov'è Portofino?

4 Perché scendono a Portofino Gianmarco e Manfredo?

5 Che tipo di barca ha zio Vittorio?

6 Che cosa deve fare ogni mattina?

7 Che cosa fa zio Vittorio mentre Gianmarco e Manfredo giocano sulla spiaggia?

8 La Riviera Ligure è molto popolare?

31 Cruciverba

ORIZZONTALI

1. Il bagnino ha una _____ da salvataggio.
3. Il _____ ci guarda mentre siamo nell'acqua.
6. Non ho i soldi per comprare niente in questo negozio, ma mi piace guardare la _____.
7. Lei può pagare il _____ alla cassa, signora.
8. Bisogna mettere un po' di zucchero nel succo di _____.
9. Non costa molto passare le vacanze in _____.
10. Non so cosa ordinare. Lei che cosa _____?
11. Se suono la chitarra alla festa faccio veramente bella _____.
16. Si può noleggiare una _____ a sdraio sulla spiaggia.
17. Devo andare, ho un _____ in città.
20. Lei può _____ il conto alla cassa, signore.
22. Fa troppo caldo dentro la pizzeria, è meglio se mangiamo _____.
24. Non si può dire che tutte le ragazze amano i _____!
25. Non posso uscire con Gino perché _____ con Gianni.
26. Se vuoi andare a _____ puoi noleggiare una barca.
27. Posso _____ i cioccolatini se sono per un regalo.

VERTICALI

2. I Baci sono dei deliziosissimi _____.
4. Si può _____ una sedia a sdraio sulla spiaggia.
5. Perché non _____ questa chitarra, signora?
12. Ti aspetto alla _____ dell'autobus.
13. Lei può pagare il conto alla _____, signore.
14. Vendo questa moto per cinque milioni, ma _____ più di sei milioni.
15. Il _____ ha portato il succo di pompelmo.
16. Ieri sera ho vinto un milione di dollari...ma era solo un _____.
18. Ogni mattina i _____ devono preparare le reti.
19. Mi piace passare le vacanze d'estate al _____.
21. Mi _____ o mi hai dimenticato?
23. Non si può giocare a tennis senza una _____!

La ditta Perugina ha bisogno di nuovi messaggi d'amore per i bigliettini. Quanti ne puoi scrivere tu? Puoi, ma non devi, usare le seguenti parole ed espressioni.

Un cuore che batte d'amore è come...

...un'aquila che vola nel cielo azzurro...

...un lupo pazzo che balla fra i fiori...

The Perugina company needs some new love messages for the **bigliettini** they put in with the Baci. See how many you can write – you may be able to sell them to the company. Feel free to use the words and expressions listed here, but don't feel restricted by them!

l'amico/a	allegro	abbracciare
l'anello	caldo	amare
il bacio	carino	aspettare
la canzone	caro	ballare
il cavaliere	contento	battere
il cuore	dolce	cogliere
la dama	emozionante	conquistare
l'eroe	falso	dimenticare
la faccia	freddo	avere fame
la farfalla	leggero	guadagnare
il fiore	matto	lasciare
il fusto	mitico	partire
il lupo	morto	perdere
il miracolo	pazzo	pungere
l'oro	pesante	rassomigliare a
il premio	raro	respirare
la principessa	ricco	ricordare
il regalo	roccioso	rifiutare
il sogno	romantico	salvare
il sorriso	sentimentale	scappare
lo strumento	simpatico	avere sete
il tesoro	timido	suonare
il violino	vero	vincere
la vita	vivo	volare

che miracolo!
c'incontriamo...
dimmi che...
fare bella figura
insieme

volare cantare...

Capitolo 6

Che bella figura!

Read the first part of the photo-story **Le ragazze vanno al mercato**, then highlight **VERO** if you think a statement is true, **FALSO** if you think it is false.

1 | **Le ragazze vanno al mercato: Vero o falso? I**

Leggi la prima parte del fotoromanzo **Le ragazze vanno al mercato** poi segna **VERO** o **FALSO** con l'evidenziatore.

1 Valentina non è mai in ritardo, Isabella non è mai in orario. VERO FALSO

2 Le ragazze hanno portato tutte e due il vestito bianco e nero. VERO FALSO

3 I vestiti in Corso Vannucci sono più cari dei vestiti al mercato. VERO FALSO

4 I vestiti al mercato sono tutti firmati. VERO FALSO

5 Valentina non compra i pantaloni fantasia perché non le piacciono. VERO FALSO

6 Valentina ha gli occhiali da sole ma li ha lasciati a casa. VERO FALSO

7 Le ragazze cercano un regalo per Gianpaolo da un'ora. VERO FALSO

All these statements are incorrect. Reread the first part of the photo-story **Le ragazze vanno al mercato** then correct them. Practise writing complete sentences.

2 | **Non dire sciocchezze! I**

Tutte queste affermazioni sono false; rileggi la prima parte del fotoromanzo **Le ragazze vanno al mercato** poi correggile. Scrivi delle frasi complete.

1 Valentina aspetta Isabella da secoli.

2 Isabella è in ritardo perché sua madre ha perso la macchina.

_____

_____

3 Valentina è imbarazzata perché hanno portato tutte e due lo zaino.

_____

_____

4 I vestiti in Corso Vannucci non sono molto cari.

_____

5 Valentina non compra i pantaloni perché non le piacciono i colori.

_____

3

Rileggi la prima parte del fotoromanzo **Le ragazze vanno al mercato** poi rispondi a queste domande usando frasi complete.

Reread the first part of the photo-story **Le ragazze vanno al mercato** then answer these questions. Practise writing complete sentences.

1 Chi è Gianpaolo?

_____

2 Quando è il suo compleanno?

_____

3 Quanti minuti di ritardo ha Isabella?

_____

4 Chi l'ha portata al mercato? Come?

_____

_____

5 Perché è arrivata in ritardo?

_____

_____

6 Che cosa hanno portato tutte e due le ragazze?

_____

_____

7 Perché Isabella vuole controllare il prezzo dei vestiti?

_____

_____

_____

8 Dove ha comprato il suo vestito Valentina?

_____

_____

9 Perché è più caro di quelli al mercato?

_____

_____

_____

10 Perché Valentina non compra i pantaloni fantasia?

_____

_____

_____

What are these people doing? For how long have they been doing it? Write answers to both these questions in the spaces provided.

4 | Su con l'orecchio! A: Che cosa fa? Da quanto tempo?

Che cosa fanno queste persone? Da quanto tempo? Scrivi le risposte alle domande.

1 Che cosa fa? _____

Da quanto tempo? _____

2 Che cosa fa? _____

Da quanto tempo? _____

3 Che cosa fa? _____

Da quanto tempo? _____

4 Che cosa fa? _____

Da quanto tempo? _____

5 Che cosa fa? _____

Da quanto tempo? _____

6 Che cosa fa? _____

Da quanto tempo? _____

7 Che cosa fa? _____

Da quanto tempo? _____

8 Che cosa fa? _____

Da quanto tempo? _____

Make up sentences using the words given.

5 | Da quanto tempo?

Scrivi delle frasi usando le parole date.

Esempio: Angelo – studiare l'italiano – tre anni

Angelo studia l'italiano da tre anni.

1 Enio – collezionare bottigliette – molti anni

_____

2 Silvia – uscire con Michele – tre settimane

_____

3 Io – fare il netturbino – venti anni

_____

4 Noi – essere qui – solo cinque minuti

_____

5 Loro – venire da noi – sei mesi

_____

6 Io – scrivere queste frasi – secoli

_____

6 Su con l'orecchio! B: Che bella scusa!

Quale scusa danno queste persone? Scrivi il numero giusto.

7 Quale scusa danno?

Quale scusa danno? Nei fumetti scrivi quello che dicono queste persone.

What excuse are these people making for being late? Listen to the recorded conversations and write a number on the appropriate illustration.

What excuse do these people give for being late? Write it in their speech bubbles.

Capitolo 6 | 103

Read the second part of the photo-story **Le ragazze vanno al mercato**, then highlight **VERO** if you think a statement is true, **FALSO** if you think it is false.

8 Le ragazze vanno al mercato: Vero o falso? II

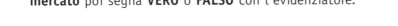

Leggi la seconda parte del fotoromanzo **Le ragazze vanno al mercato** poi segna **VERO** o **FALSO** con l'evidenziatore.

1 Valentina vuole comprare il cappello che prova.   VERO   FALSO

2 Isabella cerca una T-shirt da secoli.   VERO   FALSO

3 Isabella ha portato scarpe da basket al mercato.   VERO   FALSO

4 Valentina ha trovato un paio di scarpe fantasia.   VERO   FALSO

5 Valentina non compra una gonna perché non c'è la sua taglia.   VERO   FALSO

6 Valentina è un po' stufa di bianco e nero.   VERO   FALSO

7 Secondo Isabella i ciondoli sono troppo cari.   VERO   FALSO

8 Le ragazze comprano delle scarpe per Gianpaolo.   VERO   FALSO

9 Le ragazze hanno cercato il regalo per secoli.   VERO   FALSO

10 Le ragazze tornano a casa con l'autobus.   VERO   FALSO

9 Non dire sciocchezze! II

All these statements are incorrect. Reread the second part of the photo-story **Le ragazze vanno al mercato** then correct them. Practise writing complete sentences.

Tutte queste affermazioni sono false; rileggi la seconda parte del fotoromanzo **Le ragazze vanno al mercato** poi correggile. Scrivi delle frasi complete.

1 Isabella porta sempre gli occhiali da sole.

_____

2 Isabella non compra la T-shirt perché i colori non sono di moda.

_____

3 Valentina non compra la gonna perché non è della sua taglia.

_____

4 Le ragazze hanno cercato un regalo per Leonardo per secoli.

_____

5 Alla fine, le ragazze comprano una bella scarpa per Leonardo.

_____

Le ragazze vanno al mercato: Domande II

Rileggi la seconda parte del fotoromanzo **Le ragazze vanno al mercato** poi rispondi a queste domande usando frasi complete.

Reread the second part of the photo-story **Le ragazze vanno al mercato** then answer these questions. Practise writing complete sentences.

1 Perché le ragazze prendono qualcosa da bere?

_____

_____

2 Perché Isabella non compra la T-shirt?

_____

_____

3 Quali scarpe preferisce Isabella: le scarpe da basket o le scarpe fantasia?

_____

4 Che cosa pensa della gonna Valentina?

_____

5 Perché Valentina non ha comprato la camicetta bianca e nera?

_____

_____

6 Quale ciondolo vuole provare Valentina?

_____

7 Perché Valentina non porta una borsa?

_____

_____

8 Che cosa comprano per Gianpaolo le ragazze? Perché?

_____

_____

9 Per quanto tempo hanno veramente cercato la sciarpa le ragazze?

_____

10 Chi viene a prendere le ragazze?

_____

What do you think Valentina is saying in each of the situations pictured on pages 106 and 107? Choose a sentence and write it in the appropriate bubble.

11 Guardiamo le belle cose!

Cosa dice Valentina? Scegli una frase e scrivila nel fumetto corrispondente in questa pagina e nella pagina accanto.

> **Ma non hai bisogno di occhiali da sole!**
>
> **Mmm, cerco una maglietta come questa da secoli.**
>
> **Ah, mi piace questo complesso.**
>
> **Cosa pensi di queste scarpe fantasia?**
>
> **È bello, ma non porto i ciondoli.**
>
> **Ma dai, questi cappelli sono ridicoli!**
>
> **Non mi piacciono, preferisco lo zaino.**
>
> **Questi pantaloni ti stanno perfettamente!**

What are Valentina and Isabella looking at, at the market? Look at the pictures on pages 106 and 107, then write a number in the box on the appropriate picture.

12 Su con l'orecchio! C: Al mercato

Valentina e Isabella che cosa guardano? Scrivi il numero giusto.

Use your highlighter to follow the course of this conversation.

Segui il corso di questa conversazione con l'evidenziatore.

| Dove sei | stato? / stata? | Ti aspetto da | 10 / 15 / 20 | minuti. | Non sei mai in orario! / Sei sempre in ritardo! |

| Mi dispiace, ho perso | l'autobus. / le mie chiavi. / la strada. | Andiamo, il negozio chiude fra | 20 / 30 / 40 | minuti. |

| Guarda! Cerco | dei pantaloni / delle scarpe | come | questi / queste | da | mesi. / secoli. |

| Senti, io preferisco | i / le | rossi/e. verdi. bianchi/e. celesti. | Li / Le | hai | provati? / provate? |

| Li / Le | provo adesso. | Ecco, che ne pensi? |

| Ti stanno | benissimo! / perfettamente! / a meraviglia! | Hai | visto / domandato / controllato | quanto costano? / il prezzo? |

| Vediamo un po'! | 50.000 / 70.000 / 90.000 | lire! Ma tu hai pagato solo | 40.000 / 60.000 / 80.000 | per | i tuoi! / le tue! |

| Ma | questi / queste | sono | firmati. I miei / firmate. Le mie | sono senza nome. | Li / Le | ho | comprati / comprate | al mercato. |

| Andiamo al mercato, allora! Voglio | dei pantaloni / delle scarpe | senza nome anch'io. |

14 Imperativi!

Riscrivi queste frasi seguendo gli esempi.

Rewrite these sentences following the examples.

Esempi: Devi leggere l'etichetta. Dovete leggere l'etichetta. Dobbiamo leggere l'etichetta.

Leggi l'etichetta! *Leggete l'etichetta!* *Leggiamo l'etichetta!*

1 Devi venire qui.

_____

2 Devi finire i compiti.

_____

3 Devi guardare il cartello.

_____

4 Devi scrivere una lettera.

_____

5 Dobbiamo seguire gli esempi.

_____

6 Dovete accompagnare le ragazze a scuola.

_____

7 Dovete prendere il treno delle nove.

_____

8 Devi collezionare tutti e sei i bicchieri.

_____

15 Scusa, ma ho fretta

Completa le frasi usando la forma corretta di una delle espressioni qui sotto.

Complete these sentences with the correct form of one of the expressions given in the box below.

1 Scusa, ma _____ _____, la classe comincia fra cinque minuti.

2 Non vengono da noi perché _____ _____ del cane.

3 Prendi qualcosa da bere se _____ _____!

4 Noi _____ _____ perché stamattina non abbiamo fatto colazione.

5 Uffa, _____ _____, questa giacca è troppo pesante!

6 Brava Luisa, _____ _____, hai imparato le parole molto bene!

7 Chiudete le finestre se _____ _____!

avere fame	avere sete	avere caldo	avere freddo
avere fretta	avere ragione	avere paura	

Write sentences explaining each person's situation. Practise using expressions with parts of **avere**.

Scrivi una frase per ogni persona.

Maurizio ha ragione. _____   _____

_____   _____   _____

_____

_____

_____   _____   _____

_____   _____   _____

17 Come mai?

Leggi il fumetto **La festa di Gianpaolo** poi segna la risposta giusta con l'evidenziatore.

Read the cartoon story **La festa di Gianpaolo**. Which of these choices – **a**, **b** or **c** – is the best explanation? Highlight your choice.

1 C'è una festa per Gianpaolo, il cugino di Isabella, perché:

(a) è il suo compleanno.

(b) è il cugino di Isabella.

(c) Isabella non lo vede da secoli.

2 Isabella non può parlare più con Andrea perché:

(a) non lo conosce.

(b) non lo ama.

(c) deve andare in città.

3 Leonardo è così contento di andare alla festa perché:

(a) gli piacciono le feste in costume.

(b) vuole fare una buona impressione ad Isabella.

(c) non vede le ragazze da secoli.

4 Leonardo vuole andare alla festa vestito da bagnino perché:

(a) c'è una bellissima piscina da Isabella.

(b) ha comprato un nuovo costume da bagno.

(c) solleva i pesi da tre mesi.

5 La madre di Isabella è così sorpresa quando apre la porta perché:

(a) Leonardo porta una camicia troppo stretta.

(b) i ragazzi sono venuti alla festa vestiti da motociclista e da bagnino.

(c) Leonardo porta gli occhiali da sole di sera.

6 I ragazzi possono indossare i vestiti del fratello di Isabella perché:

(a) è molto simpatico.

(b) è andato a Genova in vacanza.

(c) sono di moda.

7 Leonardo non può chiudere la giacca perché:

(a) è della sua misura.

(b) è troppo stretta.

(c) è di Luca, il fratello di Isabella.

8 I ragazzi dicono 'Che brutta figura!' perché:

(a) hanno fatto una buona impressione a tutti alla festa.

(b) sono molto imbarazzati.

(c) i vestiti di Luca non sono veramente di moda.

Rewrite these
sentences,
replacing the
underlined
words or
phrases with
lo, **la**, **li** or
le.

18 Lo, la; li, le

Riscrivi queste frasi sostituendo le parti sottolineate con **lo**, **la**, **li** o **le**.

❶ Aspetto <u>l'autobus</u> da mezz'ora. _____

❷ Perché non compri <u>questa camicia</u>? _____

❸ Perché non provi <u>quei pantaloni</u>? _____

❹ Mio zio vende <u>quelle scarpe</u> al mercato. _____

❺ Papà prepara <u>gli spaghetti</u> in cucina. _____

❻ Valentina porta <u>l'acqua minerale</u> nello zaino. _____

❼ Non ricordo <u>il nome di sua cugina</u>. _____

❽ Non imparano mai <u>le parole nuove</u>. _____

Answer these
questions
about your
own life in
complete
sentences
that include
one of the
pronouns **lo**
(**l'**), **la** (**l'**), **li**
or **le**. (The
questions are
all about who
does what at
your place.)

19 Domande personali I

Rispondi a queste domande usando frasi complete che comprendono **lo** (**l'**), **la** (**l'**), **li** o **le**.

❶ Chi compra i tuoi vestiti? _____

❷ Chi fa il tuo letto? _____

❸ Chi fa la spesa? _____

❹ Chi porta il cane (il gatto, il coniglio ecc.) dal veterinario? _____

_____

❺ Chi prepara la cena? _____

❻ Chi paga i conti? _____

❼ Chi fa i piatti? _____

❽ Chi organizza le feste di compleanno? _____

_____

20 Non è della sua taglia!

Questi vestiti non sono della taglia delle persone che li provano. Scrivi delle frasi per spiegare che cosa non va.

These clothes don't fit the people trying them on. Write sentences to explain what is wrong in each case.

1 _____

2 _____

3 _____

4 _____

5 _____

6 _____

There's a big sale in one of the clothing stores in Corso Vannucci. Listen as the manager calls out the sale price of each item then write it on the appropriate label.

21 Su con l'orecchio! D: Svendita eccezionale!

C'è una svendita eccezionale in uno dei negozi di abbigliamento in Corso Vannucci. Scrivi i prezzi di saldo sulle etichette.

Here are some answers. See if you can work out what questions were asked. They all include **mi**, **ti**, **ci** or **vi**.

22 Mi, ti; ci, vi

Ecco delle risposte, scrivi tu le domande! Tutte le domande devono comprendere **mi**, **ti**, **ci** o **vi**.

1 Dove _____? Ti hanno visto alla stazione.

2 Chi _____? Papà mi ha portato in centro.

3 A che ora _____? Vi abbiamo chiamato alle sette.

4 Chi _____? Isabella ci ha invitato.

5 Dove _____? Ci hanno incontrato al bar.

6 Quando _____? Mi hai conosciuto domenica.

7 Perché _____? Ti ho baciato perché ti amo.

8 Dove _____? Vi abbiamo aspettato dentro.

23 Lo, la; li, le – ancora!

Riscrivi queste frasi sostituendo le parti sottolineate con **lo** (l'), **la** (l'), **li** o **le**.

Rewrite these sentences replacing the underlined words or phrases with **lo** (l'), **la** (l'), **li** or **le**. (Be sure to make the past participle agree where necessary!)

1. Ho comprato <u>questo vestito</u> al mercato.

_____

2. Dove hai trovato <u>quella sciarpa</u>?

_____

3. Perché non hai portato <u>gli occhiali da sole</u>?

_____

4. Non ho ancora provato <u>le scarpe nere</u>.

_____

5. Dove hai messo <u>le chiavi della macchina</u>?

_____

6. Sono sicuro che non hanno letto <u>questa rivista</u>.

_____

7. Chi ha preso <u>il mio zaino</u>?

_____

8. Non ho capito <u>la domanda</u>.

_____

24 Domande personali II

Rispondi a queste domande usando frasi complete che comprendono **lo** (l'), **la** (l'), **li** o **le**.
Esempio: Hai fatto i compiti?
Sì, li ho fatti dopo cena.

Answer these questions about your own life in complete sentences that include one of the pronouns **lo** (l'), **la** (l'), **li** or **le**.

1. Hai finito i compiti?

_____

2. Hai invitato i nonni alla tua festa di compleanno?

_____

3. Hai baciato la mamma stamattina?

_____

4. Hai fatto la colazione stamattina?

_____

5. Hai mai sentito l'inno nazionale d'Italia?

_____

6. Hai conosciuto il ragazzo/la ragazza dei tuoi sogni?

_____

7. Hai letto il giornale d'oggi?

_____

8. Hai scritto le risposte alle prime sette domande?

_____

These people are trying on different clothes and asking a friend's opinion. Write the correct number next to the appropriate illustration.

25 Su con l'orecchio! E: Cosa ne pensi?

Queste persone provano dei vestiti e cercano l'opinione di un/a amico/a. Scrivi il numero giusto accanto al disegno corrispondente.

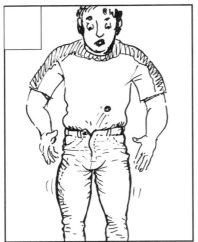

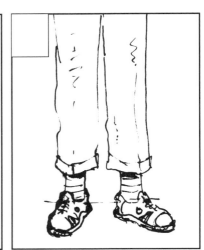

26 Mi sta bene?

Look at the illustrations above. Do the clothes fit or suit the people trying them on? Express your opinions in complete sentences.

Cosa pensi dei vestiti nei disegni qui sopra? Esprimi le tue opinioni usando frasi complete.

1 _____

2 _____

3 _____

4 _____

5 _____

6 _____

27   Che cosa ha portato?

Che cosa ha portato Isabella per la sfilata di moda? Se vuoi sapere devi decifrare il codice.

What did Isabella wear in the fashion parade? To find out you have to crack the code.

1 dei   P A N T A L O N I
            1 2 3 4 2 5 6 3 7

2 una   __ __ __ __ __ __ __
           8 2 9 7 8 7 2

3 una   __ __ __ __ __ __ __ __
           8 10 2 11 2 4 4 2

4 un   __ __ __ __ __ __ __ __
           8 2 1 1 12 5 5 6

5 un   __ __ __ __ __ __ __ __
           8 7 6 3 13 6 5 6

6 un   __ __ __ __ __
           14 7 5 12 4

7 una   __ __ __ __ __
           15 6 10 16 2

8 un   __ __ __ __ __ __ __
           16 6 10 10 7 16 6

28   Lo, la; li, le – sempre!

Riscrivi queste frasi sostituendo le parti sottolineate con **lo** (**l'**), **la** (**l'**), **li** o **le**.

Rewrite these sentences replacing the underlined words or phrases with **lo** (**l'**), **la** (**l'**), **li** or **le**. (Be sure to make the past participle agree where necessary!)

1 Perché non vendi <u>la macchina</u>?

_____

2 Papà ha venduto <u>la Vespa</u>.

_____

3 Hai battuto <u>Angela</u>?

_____

4 Preferisco <u>il calcio</u> perché è più emozionante.

_____

5 Ho suggerito <u>una partita di tennis</u> perché il campo era libero.

_____

6 Incontriamo <u>Giulia e Marco</u> alla fermata dell'autobus.

_____

7 Abbiamo incontrato <u>Gianni e Marina</u> davanti allo stadio.

_____

8 Abbiamo aiutato <u>Anna e Lucia</u> con i compiti.

_____

Listen carefully then write the appropriate number next to the person being spoken about.

29 Su con l'orecchio! F: La festa in costume

Ascolta attentamente poi scrivi il numero giusto accanto alla persona corrispondente.

30 Che costume!

Who did they go to the fancy-dress party as? Write a sentence for each person in the illustration.

Sono andati alla festa vestiti da chi? Scrivi una frase per ogni persona.

① <u>È andata alla festa vestita da ballerina.</u> _____

② _____

③ _____

④ _____

⑤ _____

⑥ _____

⑦ _____

⑧ _____

⑨ _____

⑩ _____

31 Tu fai la guida

Tu lavori da guida all'acquario di Genova. I turisti che vengono all'acquario hanno sempre molte domande da fare. Devi preparare delle risposte a queste domande.

You work as a guide at the Genoa aquarium. The tourists always have lots of questions to ask, so you'd better prepare answers to these ones. (Since you are only making notes there is no need to write full sentences.)

L'ACQUARIO STRAORDINARIO

1 Ci sono altri grandi acquari come questo in Europa?

_____

2 Quante vasche ci sono nell'acquario?

_____

3 Quanti litri d'acqua ci sono nelle vasche?

_____

4 L'acquario è aperto tutti i giorni?

_____

5 A che ora apre l'acquario?

_____

6 A che ora chiude l'acquario durante il weekend?

_____

7 Quanto costa un biglietto? Ho 14 anni.

_____

8 Quanto costa un biglietto se vengo con la mia classe?

_____

9 Quanto costa per il mio fratello piccolo? Ha due anni.

_____

10 Quanto è lunga la vasca dei delfini?

_____

11 Da dove vengono gli squali e le foche dell'acquario?

_____

12 Com'è l'ambiente dell'acquario per i pesci?

_____

32 Scriviamo dei vestiti!

Write an account of a fancy-dress party, real or imaginary. What did the guests come as? What did they wear? Was there a competition for the most interesting costume? Who won it?

OR

You are a journalist with the fashion magazine *Bella Figura* and have to write an article about a fashion parade you have attended recently. It could be the parade held by your class or a parade of supermodels in Milan. Make sure you include details about both women's and men's fashions.

Scrivi un rapporto di una festa in costume, vera o immaginaria. Gli invitati sono venuti vestiti da chi? Li hai subito riconosciuti? Che cosa hanno portato? C'è stato un concorso per il costume più interessante? Chi l'ha vinto?

OPPURE

Da giornalista per la rivista di moda *Bella Figura* devi scrivere un articolo su una sfilata di moda. Può essere la sfilata della tua classe o una sfilata di top model a Milano, ma deve comprendere una descrizione della moda maschile e femminile.

ORIZZONTALI

5 Quel _____ va benissimo con il ciondolo.

7 Faccio questo cruciverba da _____!

9 Forse è _____ se c'incontriamo in città.

12 L'_____ è come l'ape, ti punge poi ti lascia.

13 I piedi mi fanno male perché queste _____ sono troppo strette.

16 Ieri sera mio fratello è tornato a casa molto _____.

17 Quel _____ va benissimo con il braccialetto.

19 Porto sempre un _____ quando c'è sole.

21 Guarda l'_____ se vuoi sapere la taglia.

VERTICALI

1 I _____ sono più bassi al mercato.

2 Ho bisogno di una _____ ma questa è troppo cara.

3 Possiamo stare fuori _____ alle otto e mezzo.

4 Faccio dei _____ interessanti mentre dormo, ma non li ricordo mai.

6 C'_____ davanti al cinema alle sette!

8 I pantaloni fantasia sono di _____ quest'anno?

10 Quale preferisci, la _____ o lo zaino?

11 Spende tutti i soldi in _____ , sono sempre di moda.

14 L'amore ti punge nel _____.

15 Non puoi portare quella _____ , è troppo corta!

18 Non è della mia _____ , è troppo grande.

20 L'amore ti _____ nel cuore poi ti lascia.

Capitolo 7

L'estate sul lago Trasimeno

Read the first part of the cartoon story **Leonardo si prepara** then answer these questions. Practise writing complete sentences.

1 ### Leonardo si prepara: Domande I

Leggi la prima parte del fumetto **Leonardo si prepara** poi rispondi a queste domande usando frasi complete.

1 Che data è oggi? Che tempo fa?

_____

_____

2 A che ora si sveglia Leonardo?

_____

3 Che cosa fa Leonardo mentre dorme?

_____

4 Come mai Valentina deve abbracciare Leonardo?

_____

_____

5 Come si sveglia Leonardo di nuovo?

_____

6 Come si sente Leonardo stamattina?

_____

7 Perché non si fa la doccia?

_____

_____

_____

The clock-radio goes off and the DJ tells you about the time, day, date, season and weather. Write what you hear about each under the appropriate heading.

2 ### Su con l'orecchio! A: La radiosveglia

Scrivi quello che hai capito sotto il titolo corrispondente.

	L'ORA	IL GIORNO	LA DATA	LA STAGIONE	IL TEMPO
1					
2					
3					
4					

3 La mattina di Leonardo

La mattina che cosa fa Leonardo per prepararsi? A che ora? Guarda i disegni poi rispondi usando frasi complete.

What does Leonardo do to get ready in the morning? When does he do it? Look at the illustrations and write a complete sentence about each one.

❶ _____

❷ _____

❸ _____

❹ _____

❺ _____

❻ _____

❼ _____

❽ _____

_____

Andrea has given a rare interview about his morning routine. Listen to each section of this conversation and read the statements. Highlight **VERO** if you think a statement is true, **FALSO** if you think it is false.

4 Su con l'orecchio! B: La mattina di Andrea

Ascolta questa conversazione sulla mattina di Andrea poi segna **VERO** o **FALSO** con l'evidenziatore.

1 (a) Andrea mette la radiosveglia per le sette precise. VERO FALSO

(b) Andrea si sveglia verso le sette e mezzo. VERO FALSO

2 (a) Andrea si alza subito dopo che si sveglia. VERO FALSO

(b) Andrea si addormenta di nuovo. VERO FALSO

(c) Ogni mattina Andrea ascolta la radio per un po'. VERO FALSO

(d) Ogni mattina la madre di Andrea lo chiama. VERO FALSO

3 (a) Ogni mattina Andrea si fa la doccia. VERO FALSO

(b) Andrea si lava i denti dopo colazione. VERO FALSO

4 (a) In bagno Andrea si fa la barba. VERO FALSO

(b) Si mette un po' di dopobarba perché ha la pelle delicata. VERO FALSO

(c) Non gli piace l'odore del dopobarba. VERO FALSO

5 (a) Andrea si veste in bagno. VERO FALSO

(b) Porta un anello nell'ombelico. VERO FALSO

(c) Non porta mai gioielli. VERO FALSO

6 (a) Andrea si spazzola i capelli in camera da letto. VERO FALSO

(b) Mentre si spazzola i capelli si guarda nello specchio. VERO FALSO

(c) Si lava i capelli ogni giorno. VERO FALSO

5 I verbi riflessivi I

Complete each sentence with the appropriate reflexive pronoun.

Completa ogni frase usando il pronome riflessivo adatto.

1 _____ lavo i denti prima di andare a letto.

2 Perché non _____ alzi quando _____ svegli?

3 Papà _____ addormenta quando guarda la televisione.

4 Scusi signora, Lei vede molto meglio se _____ siede qui.

5 _____ leviamo sempre l'uniforme di scuola prima di andare in città.

6 Ragazzi, perché non _____ fate la doccia adesso?

7 I miei amici _____ divertono un mondo quando vanno al lago Trasimeno.

6 — Leonardo si prepara: Domande II

Leggi la seconda parte del fumetto **Leonardo si prepara**
poi rispondi a queste domande usando frasi complete.

Read the second part of the cartoon story **Leonardo si prepara** then answer these questions. Practise writing complete sentences.

1 Che cosa ha lavato per Leonardo sua madre?

_____

_____

2 Come mai non porta la camicia rossa oggi?

_____

_____

3 Oggi che cosa si mette Leonardo per uscire?

_____

4 Che cosa porta Leonardo all'orecchio?

_____

5 Che cosa si mette Leonardo quando ha finito di farsi la barba?

_____

_____

6 Perché Leonardo non si siede per fare la colazione?

_____

_____

7 — I verbi riflessivi II

Completa ogni frase con la forma giusta del verbo fra parentesi.

Complete each sentence with the correct present tense form of the reflexive verb given in brackets.

1 Sono quasi pronta, _____ _____ l'orecchino. (mettersi)

2 Hai la faccia sporchissima! Perché non _____ _____ allo specchio
prima di uscire? (guardarsi)

3 Lei come _____ _____ per i viaggi al Polo Nord? (prepararsi)

4 Noi _____ _____ sempre le mani prima di venire a tavola. (lavarsi)

5 Perché non andate a casa se non _____ _____ bene? (sentirsi)

6 Se non portano il casco i ciclisti _____ _____ male quando cadono. (farsi)

What do you think these people are saying? Write appropriate sentences to complete the bubbles. (You can use the sample sentences on page 123 of your textbook as a guide.)

8 Che sporco!

Che cosa dicono queste persone? Completa i fumetti con delle frasi adatte.

Quei pantaloni sono sporchi. Non puoi portarli oggi.

Va bene, mi levo questi e mi metto quelli.

Devo

Perché

Quel

Va bene

Devo

Perché

Quelle

Va bene

9 | Su con l'orecchio! C: Pulito o sporco?

Scrivi il numero giusto accanto il disegno corrispondente poi scrivi la forma giusta dell'aggettivo **pulito** o **sporco**.

Leonardo's mother is helping him sort the clothes in his bedroom – the clean ones into one pile, the dirty into another. Write a number to show that you understand which conversation is taking place, then for each article of clothing write the correct form of the adjective **pulito** or **sporco**.

Answer these questions about your own morning routine. Practise writing complete sentences.

10 La tua mattina

Usando frasi complete rispondi a queste domande sulla tua mattina.

1 A che ora ti svegli?

_____

2 Come ti svegli? Hai una (radio)sveglia? Se no, chi ti chiama?

_____

3 Quando ti svegli, ti alzi subito o stai a letto?

_____

4 Ti fai la doccia di mattina o di sera?

_____

5 Ti vesti prima della colazione o dopo la colazione?

_____

6 Dove ti vesti?

_____

7 Quando ti lavi i denti?

_____

8 Ti piace guardarti nello specchio? Perché?

_____

_____

11 I verbi riflessivi III

Complete each sentence with the correct present tense form of the reflexive verb given in brackets.

Completa ogni frase con la forma giusta del verbo fra parentesi.

1 I girasoli si chiamano così perché _____ _____ verso il sole. (girarsi)

2 Ragazzi, perché non _____ _____ sul programma Cinemaestate? (informarsi)

3 Se non _____ _____ questa maglietta sporca fai brutta figura. (cambiarsi)

4 Mio padre non _____ _____ la barba quando va via in vacanza. (farsi)

5 Noi _____ _____ molto all'equitazione. (interessarsi)

6 Ci sono molti ciclisti che non _____ _____ ai semafori rossi. (fermarsi)

7 Scusi signore, come _____ _____? (chiamarsi)

8 Se non _____ _____ per le sette e mezzo la mamma mi chiama. (alzarsi)

Use your highlighter to follow the course of this conversation.

Segui il corso di questa conversazione con l'evidenziatore.

| Fa presto, | Aurelio,
Aurelia, | cosa fai? Ti aspetto da | secoli!
ore!
20 minuti. |

| Un momento, | papà,
mamma, | mi spazzolo | i capelli.
le scarpe. | Hai lavato | i
la | camicia
jeans
maglietta | nuovi?
nuova? |

| Come posso | lavarli
lavarla | se | li
la | metti
lasci | sotto | il letto?
la sedia? |

| Va bene, | mi metto
porto
indosso | i vecchi.
la vecchia. | Sono quasi | pronto.
pronta. | Devo solo lavarmi | la faccia.
i denti.
le mani. |

| Uffa! | I tuoi amici
Le tue amiche | sono | tutti
tutte | così | lenti
lente | a prepararsi? |

| Eccomi, sono | pronto!
pronta! | Questo è il mio nuovo | ciondolo.
anello.
orecchino. | Che ne pensi? |

| Molto | bello!
carino! | Allora, | puoi
vuoi | sederti? | Il tuo pranzo
La tua colazione | è | pronto.
pronta. |

| Non posso sedermi, | papà,
mamma, | Claudio
Claudia | mi aspetta | in centro.
fuori.
alla fermata. |

| Va bene, prendi questa | banana!
mela! | Puoi mangiarla in | autobus.
macchina.
treno. |

| Grazie, | papà.
mamma. | Puoi lavare | i
la | camicia
maglietta
jeans | oggi. | Li
L' | ho | lasciati
lasciata | in | bagno.
salotto.
cucina. | | Uffa! |

Read the first part of the photo-story **I ragazzi si divertono al lago Trasimeno** then answer these questions. Practise writing complete sentences.

13   I ragazzi si divertono al lago Trasimeno: Domande I

Leggi la prima parte del fotoromanzo **I ragazzi si divertono al lago Trasimeno** poi rispondi a queste domande usando frasi complete.

1 Dov'è Passignano?

_____

_____

2 Dov'è il lago Trasimeno?

_____

_____

3 Come ci vanno i ragazzi?

_____

4 Che cosa hanno sentito?

_____

_____

5 Che cosa indossa Andrea oggi?

_____

6 Dove ha comprato Andrea la sua nuova moto?

_____

7 Perché Andrea segue Leonardo?

_____

8 Perché Leonardo perde la pazienza?

_____

_____

9 Perché Andrea perde la pazienza?

_____

_____

10 Come si chiamano i grandi fiori gialli? Perché si chiamano così?

_____

_____

11 Perché i contadini coltivano i girasoli?

_____

12 Che cosa fanno i ragazzi quando si fermano per strada?

_____

_____

14 Che cosa pensano?

Che cosa pensano veramente queste persone? Scegli le frasi giuste e scrivile nei fumetti corrispondenti.

What are these people really thinking? Choose sentences from the box below and write them in the appropriate bubbles.

Non è mica molto grande. Perché non lo butta nell'acqua?

Accidenti, questo casco è pesante. Non mi piace portarlo!

Mmm, forse posso conoscere queste ragazze.

Come mai ha portato la giacca del pigiama?! Che ridicolo!

Sono stufa di vendere gelati!

15 **Come ci vanno?**

Guarda i disegni poi rispondi alle domande usando frasi complete.

1 Come va Leonardo al lago Trasimeno?

_____

2 Come va Isabella al lago Trasimeno?

_____

3 Come va Valentina al lago Trasimeno?

_____

4 Come va Andrea al lago Trasimeno?

_____

5 Come va Andrea all'Isola Maggiore?

_____

6 Come va Valentina all'Isola Maggiore?

_____

7 Come va Isabella all'Isola Maggiore?

_____

8 Come va Leonardo all'Isola Maggiore?

_____

Look at the photos then answer the questions on the opposite page. Practise writing complete sentences, including **ne** in each.

16 — Ne ho visto moltissime!

Guarda le fotografie poi rispondi alle domande usando frasi complete che contengono **ne**.

1 Isabella e Valentina hanno guardato dei ciondoli al mercato?

_____

2 I turisti hanno noleggiato molti ombrelloni sulla Riviera Ligure?

_____

3 Le guardie svizzere hanno visto molto suore a Roma?

_____

4 I turisti hanno visto molte statue?

_____

5 I ragazzi hanno visto dei girasoli in campagna?

_____

6 Le ragazze hanno guardato delle borse?

_____

17 Ci o ne?

Riscrivi ogni frase sostituendo la parte sottolineata con **ci** o **ne**.

Esempio: Non mangio molte <u>mele</u>.

Non ne mangio molte.

Rewrite each sentence replacing the underlined words with **ci** or **ne**.

1 Leonardo aspetta Andrea <u>alla fontana</u>.

_____

2 I ragazzi vanno <u>al lago</u> in motocicletta.

_____

3 Vuoi andare <u>a Pisa</u> domani?

_____

4 Che pensi <u>di questa camicia</u>?

_____

5 Perché non prendi un pezzo <u>di quella torta</u>?

_____

6 Non ho visto il prezzo <u>di questi pantaloni</u>.

_____

7 L'anno prossimo mio zio torna <u>in Italia</u>.

_____

8 Ho speso un sacco <u>di soldi</u> in regali.

_____

9 Abbiamo visto molte <u>chiese</u> a Roma.

_____

10 Abbiamo visto molte chiese <u>a Roma</u>.

_____

Read the
second part
of the
photo-story
**I ragazzi si
divertono
al lago
Trasimeno**
then answer
these
questions.
Practise
writing
complete
sentences.

18 I ragazzi si divertono al lago Trasimeno: Domande II

Leggi la seconda parte del fotoromanzo **I ragazzi si divertono al lago Trasimeno** poi
rispondi a queste domande usando frasi complete.

1 Che cosa fa Leonardo quando arriva al lago?

_____

2 Andrea pensa ad Isabella?

_____

3 Il pescatore prende molti pesci nel lago?

_____

4 La signora del chiosco vede molte ragazze carine?

_____

5 Perché Leonardo dice che Andrea è scemo?

_____

6 Dove si ferma il traghetto?

_____

7 Che cos'è il Cinemaestate?

_____

Look at the
film posters
on the
opposite
page. Which
of these films
is being
described?
Read the
description
of each one
then write
its title.

19 Qual è il titolo?

Si descrive quale film? Leggi la descrizione di ogni film poi scrivine il titolo.

1 È un film comico americano con personaggi animati e umani.

_____

2 È un film dell'orrore comico.

_____

3 È un film d'azione americano con due stelle di origine italiana.

_____

4 È un film d'azione storico con una stella australiana.

_____

5 È un film d'azione americano con una stella d'origine italiana.

_____

6 Le stelle di questo film comico australiano abitano in una fattoria.

_____

7 È un film del famoso regista italiano Bernardo Bertolucci.

_____

8 È un film storico molto drammatico e romantico.

_____

Di quale film parlano? Ascolta queste interviste con i registi dei film e scrivi un numero accanto alla locandina corrisponente.

Listen to these interviews with the directors of different films and decide which film they are talking about. Write a number next to the appropriate poster.

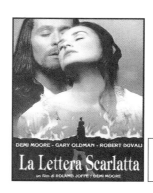

21 Infiniti riflessivi

Complete each sentence with an appropriate reflexive infinitive.

Completa ogni frase con un infinito riflessivo adatto.

1 Vado a letto, devo _____ presto domani mattina.

2 Devi _____ quella camicia, è sporchissima!

3 Dovete _____ le mani prima di mangiare.

4 Non si veste mai prima di colazione, preferisce _____ dopo.

5 Non siamo veramente pronti per la gita ma possiamo _____ stasera.

6 Stasera alla sala giochi possono _____ un mondo.

22 Sotto le stelle: Domande

Read the cartoon story **Sotto le stelle** then answer these questions. Practise writing complete sentences.

Leggi il fumetto **Sotto le stelle** poi rispondi a queste domande usando frasi complete.

1 Che cosa vogliono provare al cinema all'aperto i ragazzi?

_____

2 Perché Leonardo non dà i soldi per il suo biglietto ad Andrea?

_____

3 Dove ha visto le ragazze Leonardo?

_____

4 Come mai le ragazze conoscono Jim Carrey?

_____

5 Come mai Andrea non conosce i ragazzi con Isabella e Valentina?

_____

6 Come mai Leonardo conosce la giacca di Luca?

_____

7 Come mai i ragazzi non hanno conosciuto Gianpaolo alla festa?

_____

8 Dove si sono seduti Andrea e Leonardo?

_____

9 Chi è scemo?

_____

10 Chi è più scemo?

_____

23 Infiniti con pronomi

Riscrivi ogni frase sostituendo la parte sottolineata con il pronome giusto.

Rewrite each sentence replacing the underlined words with the appropriate pronoun.

1 Come posso lavare i tuoi vestiti se li lasci sotto il letto?

_____

2 Non voglio comprare quella camicia, è troppo cara.

_____

3 Signorina, può provare quelle scarpe se vuole.

_____

4 Andrea spera di incontrare Isabella al lago.

_____

5 Puoi spegnere la radiosveglia?

_____

6 Non puoi portare quei jeans oggi, sono sporchi!

_____

24 Un po' di tutto

Riscrivi ogni frase sostituendo la parte sottolineata con il pronome adatto o **ci** o **ne**.

Rewrite each sentence replacing the underlined words with **ci**, **ne** or the appropriate pronoun.

1 Ecco mio fratello!

_____

2 Ecco le mie scarpe nuove!

_____

3 Perché non porti gli occhiali da sole oggi?

_____

4 Ho comprato questa sciarpa al mercato.

_____

5 Hanno incontrato Leonardo e Andrea al bar.

_____

6 Non possono seguire le ragazze all'Isola Maggiore.

_____

7 Scusi, posso provare questi jeans?

_____

8 Che pensate della sua idea?

_____

9 Siamo arrivati dal medico alle nove.

_____

10 Zia Irene ha mandato venti carte telefoniche ad Angelo.

_____

Which of the activities on the **Trasimeno in Festa** program do these people decide to take part in? Write a number in the appropriate space.

A quali attività del programma **Trasimeno in Festa** decidono di prendere parte queste persone?

29 GIUGNO – SABATO

Castiglione del Lago

ore 12

[ ] **Ultraleggeri** – arrivo di macchine volanti che prendono parte al Giro d'Italia per la III edizione dell'AIR RALLY

Tuoro

ore 16

[ ] **Orienteering** – gara nel parco di Monte Castelluccio

[ ] **Tiro con l'arco** – lezioni con un istruttore del Club Arcieri di Gubbio

ore 18

[ ] **Beach volley** – torneo per il pubblico sulla spiaggia davanti al Camping Punta Navaccia

Passignano

ore 11

[ ] **Vela** – gite in barca a vela a cura del Club Velico di Passignano
– corsi e lezioni per tutta l'estate

ore 14

[ ] **Tennis** – torneo per il pubblico

ore 20

[ ] **Sfilata di auto d'epoca** – premio per l'auto più bella

30 GIUGNO – DOMENICA

Passignano

ore 10

[ ] **Equitazione** – passeggiata a cavallo intorno al lago

Tuoro

ore 12

[ ] **Caccia al tesoro** – parte dal Camping Punta Navaccia

ore 16

[ ] **Nuotathon** – maratona di nuoto aperta a tutti, da Punta Navaccia all'Isola Maggiore

6 LUGLIO – SABATO

Passignano

ore 12.30

[ ] **Sci nautico** – esibizioni di campioni; istruttori a disposizione del pubblico per lezioni
– provate l'esperienza dello sciare sull'acqua

Sant'Arcangelo

ore 18

[ ] **Bocce** – torneo

ore 21

[ ] **Arti marziali** – dimostrazioni di Kung Fu

7 LUGLIO – DOMENICA

Tuoro

ore 10

[ ] **Paracadutismo** – esibizioni del Club Sky Dive dell'Umbria

ore 11

[ ] **Mongolfiere** – traversata del lago in pallone aerostatico; a cura del Club Aerostatico Europeo

Monte del Lago

ore 13

[ ] **Modellini radiocomandati** – regata di motoscafi radiocomandati

26 | www.trasimeno

Leggi il programma **Trasimeno in Festa** poi rispondi alle domande usando frasi complete.

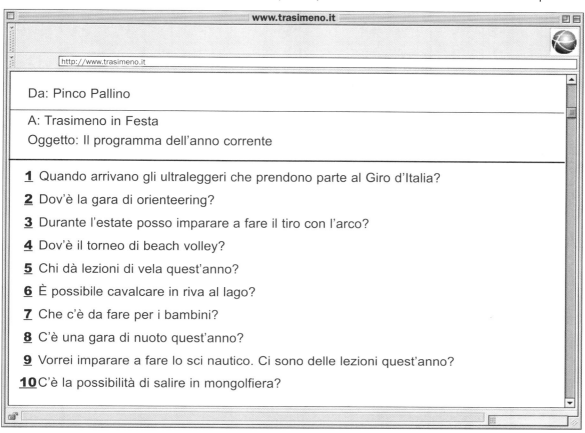

www.trasimeno.it

http://www.trasimeno.it

Da: Pinco Pallino

A: Trasimeno in Festa

Oggetto: Il programma dell'anno corrente

1 Quando arrivano gli ultraleggeri che prendono parte al Giro d'Italia?

2 Dov'è la gara di orienteering?

3 Durante l'estate posso imparare a fare il tiro con l'arco?

4 Dov'è il torneo di beach volley?

5 Chi dà lezioni di vela quest'anno?

6 È possibile cavalcare in riva al lago?

7 Che c'è da fare per i bambini?

8 C'è una gara di nuoto quest'anno?

9 Vorrei imparare a fare lo sci nautico. Ci sono delle lezioni quest'anno?

10 C'è la possibilità di salire in mongolfiera?

27 | Una recensione

Scrivi una recensione di un film che hai visto. Nella recensione, puoi considerare queste domande:

- Che tipo di film è? È un film comico, drammatico, romantico, storico, violento, sentimentale? È un film d'azione o dell'orrore? È un cartone animato?

- Per chi è questo film – per i bambini, i giovani, gli adulti, le famiglie, tutti?

- Chi è il/la regista?

- Chi sono le stelle, gli attori?

- La trama, lo scenario – che cosa succede nel film e dove?

- I personaggi principali del film – sono simpatici, antipatici, bravi, furbi, scemi...?

- La tua opinione. Che ne pensi? Quante stelle vale? (★★★★★ = da non perdere)

ORIZZONTALI

3 Quella maglietta è _____, non puoi portarla oggi!

6 Ti _____ i denti dopo colazione?

9 No, non è _____, è molto intelligente!

10 Perché non ti _____ una camicia pulita?

13 Non ho una _____, ogni mattina mi chiama la mamma.

15 Non mi piacciono i motoscafi, preferisco le barche a _____.

16 Hai la faccia sporca. Guardati allo _____!

19 Si può prendere il _____ al molo.

20 Che cosa _____ al cinema stasera?

21 Leonardo ha cercato le ragazze _____.

22 L'_____ in mezzo al lago si chiama Isola Maggiore.

VERTICALI

1 I girasoli si chiamano così perché si _____ verso il sole.

2 Fammi il _____, non posso fare l'impossibile!

4 Non è una camicia a righe, è una giacca di _____.

5 Mi sveglio alle sette ma mi _____ alle sette e venti.

7 Sei bello profumato! Ti metti del _____?

8 Non vado a scuola oggi, non mi _____ bene.

9 Pacino e De Niro sono due _____ del cinema di origine italiana.

11 Leonardo ed Andrea non si _____ molto senza le ragazze.

12 Non mi piacciono le barche a vela, preferisco andare in _____.

13 C'è un cinema all'aperto in _____ al lago Trasimeno.

14 Dovete farvi la _____ dopo la partita.

17 I _____ coltivano i girasoli per l'olio.

18 Mi _____ i capelli ogni sera prima di andare a letto.

Capitolo 8

Sport Estate

1 | Su con l'orecchio! A: Al Griphus Sporting Club

Parliamo con alcuni ragazzi che frequentano il Griphus Sporting
Club. Qual è la loro attività preferita al club? Perché?

We speak
with some
young people
who go to
the Griphus
Sporting Club.
We ask them
what their
favourite
club activity
is and why.
Write what
they say in
the spaces
provided.
(Enjoy a
sneak preview
of page 145
of your
textbook
before you do
this exercise.)

① Attività preferita _____

Perché _____

_____

② Attività preferita _____

Perché _____

_____

③ Attività preferita _____

Perché _____

_____

④ Attività preferita _____

Perché _____

_____

⑤ Attività preferita _____

Perché _____

_____

⑥ Attività preferita _____

Perché _____

_____

Look at the publicity for the Centro Sportivo and read the photo-story **Le ragazze vanno al Centro Sportivo,** then highlight **VERO** if you think a statement is true, **FALSO** if you think it is false.

2 Le ragazze vanno al Centro Sportivo: Vero o falso?

Guarda la pubblicità per il Centro Sportivo e leggi il fotoromanzo **Le ragazze vanno al Centro Sportivo** poi segna **VERO** o **FALSO** con l'evidenziatore.

1 Si può frequentare il Club Griphus da giugno ad agosto.   VERO   FALSO

2 Bisogna andare al mare per giocare a beach volley.   VERO   FALSO

3 Per giocare a pallavolo bisogna avere un campo coperto di sabbia.   VERO   FALSO

4 Per servire, Isabella colpisce la palla con tutte e due le mani.   VERO   FALSO

5 Il servizio di Isabella è troppo forte e troppo veloce per Sara.   VERO   FALSO

6 Isabella è più brava di Valentina a pallavolo.   VERO   FALSO

7 Valentina non riesce mai a colpire la palla.   VERO   FALSO

8 La risposta di Valentina al servizio di Riccardo va sopra la rete.   VERO   FALSO

9 Valentina si tuffa in piscina con molto stile.   VERO   FALSO

10 Valentina ha spinto i ragazzi nell'acqua.   VERO   FALSO

11 Valentina conosce bene le regole del Centro Sportivo.   VERO   FALSO

12 Valentina salva un ragazzo che non sa nuotare.   VERO   FALSO

Complete this table of verbs.

3 Vivano i verbi

Completa questa tabella di verbi.

	tenere	venire	uscire	sapere	dare	dire
io	tengo					
tu		vieni				
lui, lei			esce			
noi				sappiamo		
voi					date	
loro						dicono

4 Non dire stupidaggini!

Tutte queste affermazioni sono false; rileggi il fotoromanzo **Le ragazze vanno al Centro Sportivo** poi correggile. Scrivi delle frasi complete.

Non dire stupidaggini! Servo con la mano destra.

All these statements are incorrect; reread the photo-story **Le ragazze vanno al Centro Sportivo** then correct them. Practise writing complete sentences.

1 Per giocare a beach volley bisogna andare in spiaggia.

Non dire stupidaggini! Basta avere _____

_____

2 Valentina è più brava di Isabella a pallavolo.

Non dire stupidaggini! Non è _____

3 Isabella serve con la mano sinistra.

Non dire stupidaggini! Serve _____

4 Valentina non riesce mai a colpire la palla.

Non dire stupidaggini! Questa volta _____

5 La squadra di Riccardo ha vinto per 15 punti a 10.

Non dire stupidaggini! _____

_____

6 Riccardo non è contento perché ha fatto un fallo.

Non dire stupidaggini! _____

7 Dopo la partita di beach volley Valentina è andata a casa.

Non dire stupidaggini! _____

_____

8 Valentina è caduta in piscina.

Non dire stupidaggini! Si è _____

9 Gli amici di Valentina si sono tuffati in piscina.

Non dire stupidaggini! Valentina _____

10 Valentina aiuta un amico che non sa nuotare.

Non dire stupidaggini! Lo _____

Listen to what is being said, decide who is speaking, then write a number on the corresponding photo.

Ascolta attentamente poi scrivi il numero giusto sulla fotografia corrispondente.

6 Divertiamoci!

Guarda le fotografie a pagina 146 poi rispondi alle domande usando frasi complete.

Look at the photos on page 146 then answer these questions. Practise writing complete sentences.

1 Che cosa hanno fatto Leonardo e Andrea in campagna?

_____

_____

2 Irma si è divertita alla festa di compleanno?

_____

3 Valentina ha colpito la palla, ma chi l'ha rimandata sopra la rete?

_____

4 I ragazzi si sono tutti divertiti a giocare a basket nel Parco Nazionale?

_____

_____

5 Come si è divertito Enio alla festa?

_____

_____

6 Che cosa hanno fatto Leonardo e Andrea in città?

_____

7 Le ragazze come si sono divertite in centro?

_____

_____

8 Come si è divertita Valentina al mercato?

_____

_____

7 Possessivi I

Completa questa tabella di possessivi.

Complete this table of possessives.

	SINGOLARE		PLURALE	
	maschile	femminile	maschile	femminile
io	il mio			le mie
tu		la tua	i tuoi	
lui, lei	il suo			le sue
noi		la nostra	i nostri	
voi	il vostro			le vostre
loro		la loro	i loro	

These young people are describing sports they play at the Centro Sportivo in Perugia. Which sport are they talking about? Show that you understand by writing a number under the appropriate illustration.

8 Su con l'orecchio! B: Di quale sport parlano?

Questi ragazzi descrivono alcuni sport che praticano al Centro Sportivo di Perugia. Di quale sport parlano? Scrivi il numero giusto sotto il disegno corrispondente.

9 Possessivi II

Complete these sentences with an appropriate possessive. (Note: **promettere** – to promise)

Completa queste frasi usando un possessivo adatto.

1 Michele, questo è _____ amico Leonardo.

2 Le ragazze sono contente perché _____ squadra ha vinto.

3 Scusa, ma perché l'hai spinto nell'acqua? Conosci _____ regole!

4 Promettiamo che tutti _____ istruttori sono federali.

5 Guarda, Valentina, _____ zio è arrivato con l'Ape.

6 Enio e Irma, se Rosanna è _____ figlia, Pietro
dev'essere _____ genero.

Giochiamo a bandiera!

Conosci le regole di questo gioco? Scrivi il numero della didascalia giusta per ogni disegno.

Do you know the rules of **bandiera**? Write the number of the appropriate caption on each illustration.

❶ Si corre dalla propria squadra con il pallone.

❷ Si può fare finta per ingannare l'avversario.

❸ Si guadagna un punto se si riesce a toccare la persona con il pallone.

❹ L'arbitro tiene in mano il pallone davanti ai giocatori.

❺ Si deve prendere il pallone e correre il più veloce possibile.

11 I ragazzi vanno al Centro Sportivo: Vero o falso?

Leggi il fumetto **I ragazzi vanno al Centro Sportivo** poi segna **VERO** o **FALSO** con l'evidenziatore.

1 Andrea e Leonardo non hanno visto le ragazze in giro. VERO FALSO

2 Andrea deve fingere di essere sportivo perché non gli piace lo sport. VERO FALSO

3 La mattina dopo, i ragazzi si sono messi la tuta. VERO FALSO

4 I ragazzi si sono incontrati in segreteria. VERO FALSO

5 I ragazzi hanno riempito i moduli poi la segretaria li ha controllati. VERO FALSO

6 I ragazzi sono troppo grandi per iscriversi al Griphus Sporting Club. VERO FALSO

7 Valentina ha paura dell'istruttore perché è severissimo. VERO FALSO

8 I ragazzi sono dei bravissimi istruttori di tennis. VERO FALSO

9 In piscina i ragazzi devono occuparsi dei bambini. VERO FALSO

10 Valentina è riuscita ad ingannare Michele. VERO FALSO

11 I ragazzi sono bravissimi nuotatori. VERO FALSO

12 Alla fine, i ragazzi e le ragazze sono buonissimi amici. VERO FALSO

12 Possessivi III

Adesso corro dalla mia squadra.

Completa queste frasi usando un possessivo adatto.

1 Le ragazze vanno al Centro Sportivo per riempire

_____ tempo libero.

2 Mi dispiace ragazze, ma _____ amici non possono iscriversi.

3 La signora Berto è preoccupata perché _____ figlio ha lasciato

_____ nuova tuta al Centro Sportivo.

4 Possiamo vincere perché _____ giocatori sono veramente in forma.

5 _____ nonno mi ha mostrato _____ collezione

di francobolli rari.

6 Un momento ragazzi, dovete lasciare fuori _____ zaini.

Tu lavori in segreteria al Centro Sportivo di Perugia e devi prendere i messaggi dei genitori che chiamano al telefono. Scrivi i messaggi sui bigliettini.

You're training for a summer job in the secretary's office at the Centro Sportivo in Perugia. You have to take down messages from parents who ring the centre about their children. Write the messages on these scraps of notepaper.

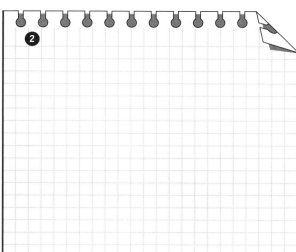

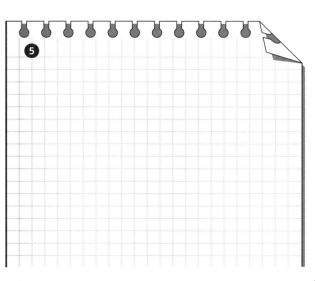

Use your highlighter to follow the course of this conversation.

14 Su con l'orecchio! E: A tu per tu

Segui il corso di questa conversazione con l'evidenziatore.

| Ti sei divertito/a | | Griphus Sporting Club | stamattina? |
| Vi siete divertiti/e | al | Centro Sportivo | oggi? |

| | Mi sono divertito/a | | Ho | | bandiera. |
| Come no! | Ci siamo divertiti/e | un mondo. | Abbiamo | giocato a | beach volley. |

| | bandiera? | | | bandiera? |
| Come si gioca a | beach volley? | Bisogna avere una | | spiaggia? |

| | un pallone. | | miei | |
| No, basta avere | un po' di sabbia. | È uno dei | nostri | giochi preferiti. |

| | tua | | vinto | |
| La | vostra | squadra ha | perso | di nuovo? |

| | mia | | vince | | È più forte dell'altra. |
| Sì, la | nostra | squadra | perde | sempre. | Non è così forte come l'altra. |

| Sei andato/a | | piscina | | il gioco? |
| Siete andati/e | in | palestra | dopo | la partita? |

| | ho | preso parte ad una gara di nuoto. |
| Sì, | abbiamo | sollevato 150 chili. |

| Bravo/a! | Sei | | sportivo/a/i/e. |
| Bravi/e! | Siete | veramente | in forma. |

15 Imperativi riflessivi!

Usando imperativi riflessivi cambia queste domande in comandi.

1 Perché non ti guardi nello specchio?

_____

2 Perché non ti metti la tuta?

_____

3 Perché non ti vesti adesso?

_____

4 Perché non vi levate il casco?

_____

5 Perché non vi iscrivete stamattina?

_____

6 Perché non vi divertite senza le ragazze?

_____

7 Perché non c'incontriamo alla fermata dell'autobus?

_____

8 Perché non ci fermiamo qui?

_____

16 Perché? Perché? Perché?

Rileggi il fumetto **I ragazzi vanno al Centro Sportivo** poi rispondi alle domande usando frasi complete.

Reread the cartoon story **I ragazzi vanno al Centro Sportivo** then answer these questions. Practise writing complete sentences.

1 Perché Andrea deve fingere di essere sportivo?

_____

2 Perché Andrea deve alzarsi presto e mettersi la tuta?

_____

3 Perché i ragazzi vogliono andare al Centro Sportivo?

_____

4 Perché sono andati in segreteria?

_____

5 Perché si sono seduti al tavolo?

_____

6 Perché Andrea si è levato il casco?

_____

7 Perché i ragazzi sono andati in piscina?

_____

8 Perché Isabella deve abbracciare Andrea?

_____

17 Che cosa dicono? I

What are they saying? One person is telling another to do something. The person being told is answering that they don't want to do it yet. Fill in the bubbles with what you think each one is saying.

Scrivi delle frasi adatte nei fumetti.

18 | Su con l'orecchio! F: Presto, alzati!

Ascolta queste conversazioni poi scrivi il numero giusto sotto il disegno corrispondente a pagina 154.

Listen to these conversations then write a number under the appropriate illustration on page 154.

19 | Imperativi misti

Riscrivi queste frasi sostituendo dovere + l'infinito con un imperativo.

Rewrite these sentences replacing the parts of **dovere** + the infinitive with an imperative.

1 Devi lavare i piatti.

_____

2 Devi lavarti la faccia.

_____

3 Oggi dovete aiutare l'istruttore.

_____

4 Dovete informarvi sul programma.

_____

5 Devi prendere il prossimo treno.

_____

6 Devi vestirti in bagno.

_____

7 Dovete tenere la racchetta così.

_____

8 Dovete sedervi a quel tavolo.

_____

9 Devi finire i compiti stasera.

_____

10 Devi metterti l'orecchino.

_____

What are they saying? One person is telling a couple of others to do something. The people being told are asking if they really have to do it. Fill in the bubbles with what you think they are saying.

20 Che cosa dicono? II

Scrivi delle frasi adatte nei fumetti.

21   Dove sono andati? Che cosa hanno fatto?

Guarda i disegni poi per ogni personaggio scrivi una frase che dice dov'è andato e che cosa ha fatto.

Look at the illustrations, then, for each character, write a sentence that explains where they went and what they did.

Isabella

_____

_____

Andrea

_____

_____

Michele

_____

_____

Leonardo

_____

_____

Rewrite these sentences in the perfect tense.

22 Vi siete svegliati?

Riscrivi queste frasi al passato prossimo.

1 Papà si addormenta subito dopo cena.

_____

2 Elio, a che ora ti alzi?

_____

3 Mi sveglio alle sette.

_____

4 Sabato mattina Laura si iscrive al club.

_____

5 Ci vestiamo dopo colazione.

_____

6 Vi divertite al Centro Sportivo?

_____

7 I giocatori si lavano dopo la partita.

_____

8 Le ragazze si preparano in camera da letto.

_____

Read the photo-essay **Una visita a Venezia** then highlight your choice – **a**, **b** or **c**.

23 Una visita a Venezia I

Leggi **Una visita a Venezia** poi evidenzia **a**, **b** o **c**.

1 Il Veneto è nell'Italia:
(a) settentrionale.
(b) centrale.
(c) meridionale.

2 Marco Polo è famoso per:
(a) l'invenzione della radio.
(b) il suo viaggio in Cina.
(c) il suo viaggio al Polo Nord.

3 La 'strada' principale di Venezia si chiama:
(a) il Canal Grande.
(b) Corso Vannucci.
(c) Via Veneto.

4 A Venezia un vaporetto è:
(a) un tipo di traghetto.
(b) una barca a vela.
(c) un pedalò.

5 A Venezia i carabinieri vanno in giro:
(a) a cavallo.
(b) in macchina.
(c) in barca.

6 I veneziani portano le maschere durante:
(a) il Palio.
(b) la Giostra Cavalleresca.
(c) il Carnevale.

7 Una gondola è:
(a) una barca molto elegante e romantica.
(b) un tipo di traghetto.
(c) una barca a vela.

8 A Venezia i segnali stradali sono per:
(a) gli automobilisti.
(b) i gondolieri.
(c) i carabinieri.

24 Il passato prossimo

Rewrite these sentences in the perfect tense.

Riscrivi queste frasi al passato prossimo.

1 La mamma lo sveglia verso le sette.

_____

2 Emma va in piscina e si tuffa nell'acqua.

_____

3 Giò compra un giornale e lo legge nel parco.

_____

4 Anna prende il treno delle nove e arriva alle sei.

_____

5 Si fa la barba poi si mette del dopobarba.

_____

6 Partono presto e si fermano per pranzo a Firenze.

_____

7 Vedono le ragazze al lago e le seguono fino all'isola.

_____

_____

8 Irma va al molo e si informa sui traghetti.

_____

9 In piscina i ragazzi si occupano dei bambini.

_____

10 Il giocatore tiene la palla sulla mano sinistra.

_____

25 Una visita a Venezia II

Reread the photo-essay **Una visita a Venezia**, then highlight **VERO** if you think a statement is true, **FALSO** if you think it is false.

Rileggi **Una visita a Venezia** poi segna **VERO** o **FALSO** con l'evidenziatore.

1 Venezia è sul Mar Adriatico.   VERO   FALSO

2 A Venezia i taxi sono molto cari.   VERO   FALSO

3 I turisti non vengono a Venezia perché ci sono tanti incidenti.   VERO   FALSO

4 Le maschere veneziane sono molto popolari fra i turisti.   VERO   FALSO

5 Sulle rive dei canali di Venezia ci sono dei bei palazzi.   VERO   FALSO

6 Un giro in gondola costa di più di sera che di giorno.   VERO   FALSO

7 Non ci sono pesci nei canali di Venezia.   VERO   FALSO

8 Qualche volta Marco è un po' pigro.   VERO   FALSO

Do you remember why the *Forza! due* characters did what they did? Let's see if you can explain why in complete sentences. Use **per** + the infinitive in each sentence.

26 Ricordi?

Ricordi perché i personaggi di *Forza! due* hanno fatto quello che hanno fatto? Vediamo se puoi spiegare perché usando frasi complete.

1 Perché nel Parco Nazionale i ragazzi sono saliti sull'albero?

_____

2 Perché Daniela e Franca sono andate al corteo storico?

_____

3 Perché Leonardo ed Andrea sono andati in centro?

_____

4 Perché Andrea ha comprato i Baci?

_____

_____

5 Perché le ragazze sono andate al mercato?

_____

6 Perché Leonardo è andato alla festa in costume da bagno?

_____

7 Perché Leonardo è andato al chiosco?

_____

8 Perché i ragazzi sono andati al cinema?

_____

_____

Write a postcard (or a letter if you prefer) from Venice to a friend. You may like to consider the questions in the box.

27 Una cartolina da Venezia

Scrivi una cartolina (o una lettera, se preferisci) da Venezia ad un amico.
Ecco delle domande da considerare:

Com'è?
il tempo, l'albergo?

Dove?
sei andato/a, come ci
sei andato/a?

Che cosa?
hai fatto, hai visto,
hai comprato, hai mangiato?

Chi?
hai conosciuto, incontrato

Ti diverti?

Saluti da Venezia!

28 Incidente a Venezia!

Scrivi un articolo di giornale per accompagnare questa rappresentazione artistica dell'incidente sul Canal Grande. Il titolo dell'articolo è **Incidente a Venezia**. Puoi, ma non devi, usare le parole date.

Write a newspaper article to accompany this artist's impression of an accident on the Grand Canal. Your headline is **Incidente a Venezia**. Feel free to use the words listed here, but don't feel restricted by them!

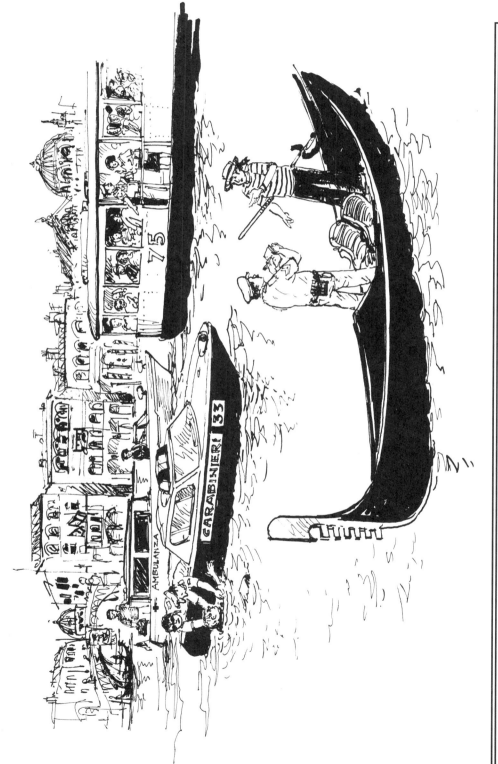

sapere	nuotare	pescare	salvare	cadere
spingere	tuffarsi	chiamare	venire	trovare
il vaporetto	il canale	la gondola	il salvataggio	l'ambulanza
il motoscafo	la maschera	il carabiniere	il/la turista	il gondoliere

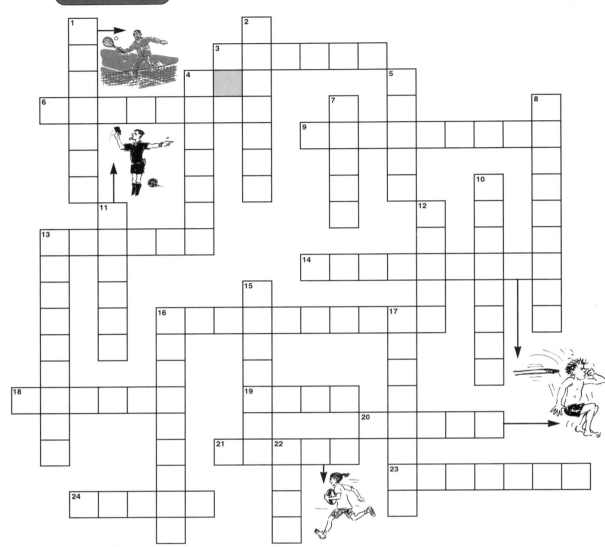

ORIZZONTALI

3 Se volete iscrivervi al club, riempite questi _____, per favore.

6 Per iscriversi al club bisogna _____ questo modulo.

9 Per il rovescio si tiene la _____ così.

13 Se non si _____ la prima volta, bisogna provare una seconda volta.

14 _____ non posso salvarti se cadi nell'acqua.

16 Per _____ al club bisogna riempire questo modulo.

18 Non bisogna avere una spiaggia per il beach volley, basta avere un campo coperto di _____.

19 Dopo la gara mi sono messo la _____.

20 Se hai paura di tuffarti, _____.

21 Nel gioco di bandiera, la persona che prende il pallone _____ dalla propria squadra.

23 Anna non è saltata nell'acqua, si è _____.

24 Nella pallavolo, dopo due colpi bisogna rimandare la palla _____ la rete.

VERTICALI

1 Secondo me, il _____ è più facile del rovescio.

2 Non fa niente se fa freddo, la piscina è al _____.

4 So che detesti lo sport, ma oggi non puoi _____ di essere sportivo?

5 Paolo ha già servito, adesso _____ a Mario.

7 Per il diritto si colpisce la _____ così.

8 Il beach volley è il gioco di _____ che si gioca sulla spiaggia.

10 Per il diritto si _____ la palla così.

11 L'arbitro deve conoscere tutte le _____ del gioco.

12 Per ingannare l'avversario bisogna essere _____.

13 Isabella è saltata ed ha _____ la palla con molto forza.

15 L'_____ deve conoscere tutte le regole del gioco.

16 Per _____ l'avversario bisogna essere furbi.

17 Purtroppo non posso _____ se cadi nell'acqua.

22 Nella pallavolo, dopo due colpi bisogna rimandare la palla sopra la _____.